普通高等学校工业设计&产品设计专业“十三五”规划教材

西南大学出版社
SWUP 国家一级出版社 全国百佳图书出版单位

吴志军 杨 元 那成爱 编著

产品开发设计策略与实践

图书在版编目（CIP）数据

产品开发设计策略与实践 / 吴志军，杨元，那成爱编著. -- 重庆：西南师范大学出版社，2019.9（2023.1 重印）
ISBN 978-7-5621-8978-7

Ⅰ. ①产… Ⅱ. ①吴… ②杨… ③那… Ⅲ. ①产品设计—高等学校—教材 Ⅳ. ① TB472

中国版本图书馆 CIP 数据核字 (2017) 第 225619 号

普通高等学校工业设计 & 产品设计专业"十三五"规划教材

主编：余强 段胜峰

产品开发设计策略与实践

CHANPIN KAIFA SHEJI CELUE YU SHIJIAN

吴志军 杨 元 那成爱 编著

责任编辑：袁 理

整体设计：晏 莉 王正端

出版发行：西南大学出版社（原西南师范大学出版社）

地 址：重庆市北碚区天生路 2 号 邮政编码：400715
本社网址：http：//www.xdcbs.com 电 话：（023）68860895
网上书店：https：//xnsfdxcbs.tmall.com 传 真：（023）68208984

经 销：新华书店

排 版：张艳

印 刷：重庆康豪彩印有限公司

幅面尺寸：210mm×285mm

印 张：7.5

字 数：240 千字

版 次：2019 年 9 月 第 1 版

印 次：2023 年 1 月 第 3 次印刷

书 号：ISBN 978-7-5621-8978-7

定 价：59.00 元

序

PREFACE

余强

工业设计是指在现代工业化生产条件下，运用科学技术与艺术方式进行产品设计的一种创造性方法。它是将技术、艺术与文化转化为生产力的核心环节，也是现代服务业的重要组成部分。由于工业设计对经济巨大的推动作用，以及它的创新思维、潜力巨大的高附加值和超越商业价值以外的文化特征，因此被许多发达国家上升到国策的高度来认识。20 世纪初，欧洲国家就曾经出现过第一次工业设计资源的整合，以“德意志制造同盟”为标志，将技术资源与设计资源相结合，来共同解决德国工业产品的质量与设计问题，为现代德国工业的品牌优势奠定了重要基础。20 世纪中期，以英国等国政府的设计公共政策为标志，工业设计再次被视为国策，实现了行政资源与产业资源的第二次整合，有力地推进了欧洲工业的品牌战略和全球贸易战略。20 世纪末，一些国家将社会资源与文化资源相结合，提出跨领域、跨行业的“文化创意产业”，是第三次设计资源的整合。这几次设计资源的整合表明，在全球产业发展的进程中，工业设计产业的战略地位和作用日益凸显。

作为一个发展中国家，中国的工业设计仍是一门新兴的、亟待发展的学科。据不完全统计，国内有工业设计学科专业方向的艺术院校已达 250 所，各种主题的工业设计大赛与研讨会越来越频繁，国内外高新技术企业与高校的设计合作也迅速发展起来，这充分反映了时代发展对工业设计人才需求的增长和速度的加快。尽管中国工业设计教育的规模堪称世界第一，但我们尚未建立起具有中国特色的工业设计教育模式及各院校的特色模式。有鉴于此，不少设计院校也在教学思想、教学方法、课程设置、教材编写等方面进行了有益的探索和改革：从过去单一的技法和造型训练，转向掌握系统设计思维方法的训练；从只关注美感和设计语义的形态研究转向对生活形态、设计管理、可持续性发展战略和设计哲学方面的研究。在这些教学改革中，都体现出了一种共识，即必须将工业设计作为一种高度综合性的交叉学科来组织教学，从教学体制、结构改革着手，探索更加综合的教育之路，以此全面提高学生的综合素质。应该说，设计教育在中国经济形式由计划经济向市场经济转型的过程中，为国家的经济建设和发展培养了大量急需的设计人才，发挥了重要的作用。

这套丛书的编著者是由具有多年工业设计教学和在企业有实际设计经验的教师和学者组成的。编著者在充分研究和总结了我国 20 多年的工业设计教育理念和教学经验的基础上，较为广泛地吸收了国外先进的教学内容与方法，并结合教学中的实际情况，有针对性地对工业设计教学的相关知识进行理性的筹划和有序的整合，以期从系统的角度对工业设计主干课程的内涵进行阐释。其中既有工业设计的基础理论，又有专业教学的多样性和可操作性，同时也强调案例教学的启发和引导作用，使其具有前瞻性、系统性、知识性和适用性，在同类教材中彰显自己的特色。

“千里之行始于足下”，我们期待通过本套教材的指导，能使学生尽快完成从理论到实践、从专业到产业的深化过程，从而明确专业学习的目标、途径和方法。本套教材不仅强调相关知识的有机联系，也重视设计过程的连续性与完整性。尤其是在学生所缺乏的实践性环节上，如市场调查与分析、模型制作、工程技术设计、市场推广等，对所学知识需要从系统设计的角度，注重设计过程的连续性和完整性，重视设计程序和设计方法，融会贯通，以培养和提高学生多角度分析问题和解决问题的能力。

在经济全球化日趋深入、国际市场竞争日益激烈的情况下，工业设计成为制造业竞争的核心动力之一。在“中国制造”向“中国设计”转型的过程中，工业设计必将发挥关键性的作用。为了迎接这一历史性的机遇和挑战，工业设计教育必须加快国际化进程，更加重视设计人才培养和技术创新等关键环节的构建，把设计教育转向创新设计教育，不断地提高我国工业设计教育的整体水平。

前言

FOREWORD

工业设计处于制造业产业链最前端，随着 21 世纪经济、技术、生活方式、商业模式快速变革和以信息物理融合系统为标志的新科技革命的到来，新产品的开发设计和创新已成为企业和社会发展的核心竞争力，创新驱动的发展模式成为企业的主体。今天产品的开发设计是一项综合性的系统工程，已经远远超越了单纯的“外观设计”“功能设计”“技术创新”“渠道创新”等单一内涵，设计已经成为企业整合用户的社会需求、技术创新和商业模式的发展战略手段。如何系统地为企业新产品开发制订合理有效的设计策略？如何在实际项目中有效地落实和执行产品开发设计策略？是设计师在产品开发设计实践和设计服务过程中面临的首要问题。

基于此，本书从企业战略、技术应用、用户需求等多个角度，系统分析了设计师如何为不同业务模式的企业制订设计策略，如何依据设计策略从事产业设计项目。设计策略的规划和执行是一项涉及企业业务战略、设计调查、设计研究、设计评估、品牌开发等多个方面，多个企业职能部门共同协同工作的复杂工程。产品开发设计策略的制订是基于设计基础研究而开展的创新性活动，设计研究可以帮助设计师框架和解决复杂的社会问题，重新思考和定位设计的价值维度，有助于为用户塑造更有责任感、更有意义、更开放的生活，为企业架构更加优化的产品体系和功能结构。商业市场分析、设计基础研究和供应链的优化，为产品开发和设计创新的成功与落地奠定了基础。本书从产品开发设计策略的知识点、产品开发设计策略的要点等角度，结合企业典型系统的产品开发设计实例，为学生学习提供理论知识的分析和实践案例的参考。

本书参考了大量最新的国际权威期刊和图书资料，结合了国际著名品牌的典型案例和大量企业从事产品开发设计的实例。在内容的编排上注重知识介绍、概念阐释、理论分析与设计案例的结合，突出了理论和案例对设计实践的引导及启发。本书在案例的分析方面，力争简明详尽，有利于提高读者的阅读效率和设计实践时对案例进行参考。

目录

CONTENTS

第四章 产品开发设计案例解析

第五章 实验操作与作业练习

第一章 背景介绍

1.1 本课程在产品设计专业的定位

产品开发设计策略与实践是一门产品设计专业和工业设计专业学生必修的重要专业课程。产品开发设计与实践的能力，是学生毕业后在企业、事业单位或专业设计公司从事新产品开发设计工作必须具备的能力。本课程适合学生在三年级下学期或四年级开设，在具备基本的设计理论、表现能力和设计实践能力的基础上学习，这样更能培养学生进行综合性的项目规划和项目执行的能力。

在经济、技术、生活方式和商业模式快速发展与变革的时代，新产品的开发设计和创新既要具备时效性和市场性，又要具备可持续性和战略性。设计创新越来越依靠研究和系统规划，仅仅依靠灵感的产品创意设计难以在同质化激烈竞争的市场环境中实现可持续的社会和商业价值。创新设计与社会的工业体系、生产模式、商业模式、消费模式和生活方式密切相关，综合多种因素，制订和执行系统的产品开发设计策略，是企业和设计师的设计获得成功的关键，这也正是本书的初衷。

1.2 本课程的主要内容与培养目标

本书的目的是通过教学和实践，培养学生在学习基本概念和理论方法的基础上，能够从用户需求和生产制造、商业运作等多边利益主体出发，基于商业模式和生产业模式，制订产品开发设计策略的能力。同时培养学生执行设计策略，从事具体项目开发设计的实践能力。全面培养学生从设计概念到设计项目转向素质的执行力和整合力。

本书的基本内容为三大部分：第一部分主要介绍产品开发设计策略的知识点，包括产品开发设计基本知识、设计战略与产品开发的基本模式、产品开发设计的流程与组织管理。第二部分主要介绍产品开发设计策略的要点，包括产品开发设计策略的制订，产品开发设计的价值策略、品牌竞争策略，以及产品开发设计策略的落实。第三部分主要介绍四个典型的产品开发设计案例解析，包括可持续整体厨房系统开发设计、PC 透明观光船开发设计、医用吸奶器开发设计、手持式穿墙雷达开发设计，案例涉及家居用品、户外用品、母婴用品和工程智能产品等。本书为了配合课程的理论学习，还提供了实验操作与作业练习，可为教学过程中进行实践环节提供参考。

1.3 本课程的学习方法

本课程适合产品设计、工业设计及相关专业的高年级学生学习，在教学过程中，可以采取理论与实践相结合、小作业与课题设计相结合的方式教学。

在理论授课环节，可结合本书提供的大量案例进行讲解和分析。课后可结合具体章节内容，让学生结合案例完成课后小作业，做到理论与实践紧密结合，在巩固理论方法学习的同时，提高灵活运用知识解决实际问题的能力。

在实践教学环节，主要结合具体设计项目，指导学生系统完成产品开发设计项目，主要包括设计策略的规划、设计调研和分析、方案构思设计、设计评价及展示，最终完成系统的设计报告。设计项目既可以参考第五章提供的课题，也可以结合学校或教师与企业合作的情况，从企业挖掘实际课题或设计前置的偏概念性的课题。选择企业课题的优势是，能从企业中获得大量技术、生产、商业和用户需求资料，能使课程作业与企业实际紧密结合，方便项目设计的具体开展，也方便学生从企业学到在学校难以接收到的知识，培养学生的产业服务意识，同时也能有效提高教学效率和效果。

第二章 产品开发设计策略知识点

2.1 产品开发设计基本知识

2.1.1 设计的概念

设计起源于制造工具，是需求导向的创新活动，与人和人类社会同时产生。早期的设计，以生存和生活需求为基本目标，以手工制作为手段，服务于个人或家族需要。在科学技术和生活方式急剧更新的现在，新产品开发设计逐渐成为制造业、企业、商业活动关注的焦点。产品设计综合了科技、艺术、商业营销和社会文化，是一项凝聚了知识、经验、洞察力和创造力于一体，具有高度复杂性，又具有较大商业风险的系统工程。随着工业经济和互联网经济的快速发展，在新的技术和商业背景下，设计的内涵、目标和表现方式已经发生了重要变化。

一、2006 年国际工业设计协会对设计的定义

2006 年，国际工业设计协会（International Council of Societies of Industrial Design，简称 ICSID）从设计目的和任务的角度对工业设计的概念进行了明确定义：设计是一种创造性的活动，其目的是为物品、过程、服务以及它们在整个生命周期中构成的系统建立起多方面的品质。因此，设计既是创新技术人性化的重要因素，也是经济文化交流的关键因素。

设计的任务是致力于发现和评估与这四点在结构、组织、功能、表现和经济上的关系。即一是增强全球可持续性发展和环境保护（全球道德规范）；二是给全人类、社会、集体和个人带来利益和自由，创造和平衡最终用户、制造者和市场经营者的利益（社会道德规范）；三是在全球化的背景下支持文化的多样性（文化道德规范）；四是赋予产品、服务和系统以形式，

图 2-1 超越瓷器

这些形式既是它们固有复杂性的表现（语义学），也与它们的固有复杂性相协调（美学）。

工业设计关注由工业化（而不只是生产时的工艺过程）所衍生的工具、组织和逻辑创造出来的产品、服务和系统。限定设计的形容词“工业的（Industrial）”必然与工业（Industry）一词有关。也就是说，设计是一种包含了广泛专业的活动，产品、服务、平面、室内和建筑都在其中。这些活动都应该和其他相关专业协调配合，进一步提高设计的价值。

进入 21 世纪后，环境保护和文化传播成为工业设计的重要任务。例如，台湾设计师完成的竹子与瓷器结合的、旨在实现瓷器重生和重组的 Beyond Porcelain（超越瓷器）项目，其表现形式不但在可持续视角下实现了旧物的回收利用，同时也是对本土文化的一种推广（图 2-1）。由于瓷器的收集多为富人所推崇，所以它一直是名声和财富的象征。瓷器精致而脆弱，一旦在生产过程中出现裂缝就只能作废，既不实用也不可回收。与此相反，竹材广泛用于各种家居用品，并崇尚韧性和耐久性的精神。结合两种材料与传统的竹织造技术，将出现裂缝的瓷器用竹材编制加以装饰和修复，并转化为新的对象，更具有文化和艺术感，从而也使出现裂缝的瓷器获得了重构和新生。

二、2015 年国际设计组织对设计的定义

2015年国际工业设计协会在韩国召开的第29届年度代表大会上，将沿用近60年的国际工业设计协会（ICSID）正式改名为国际设计组织（World Design Organization，简称 WDO），大会发布了最新的工业设计定义：工业设计旨在引导创新、促发商业成功及提供更好质量的生活，是一种将策略性解决问题的过程应用于产品、系统、服务及体验的设计活动。进一步扩展开来，工业设计在“是什么（What is）”和“什么是可能的（What is Possible）”之间架起了桥梁。它是一种跨学科的专业，将创新、技术、商业、研究及消费者紧密结合，共同进行创造性活动。工业设计通过可视化的方式展示问题和解决方案；通过重新解构问题、发现机会，提供新的价值和竞争优势；通过其输出物对社会、经济、环境及伦理方面的问题做出回应。

近年来，通过跨学科团队的协作，关注用户体验，为用户提供系统的服务，为企业提供系

图 2-2 NODE 座椅

统的创新和商业解决方案是工业设计致力的主要方面。例如，国际著名的设计公司 IDEO 与 Steelcase 携手合作，共同寻找并设计有助于改善教室体验平台的 NODE 座椅（图 2-2）。设计团队在体验中发现问题，尽管教室的规模和密度急剧增长，但几十年来带写字板的课桌椅一直未获得改良。这为 Steelcase 带来了市场契机：如何通过产品设计，迅速改善座位排列和布局的现状。为此，IDEO 开发了一系列相关的家具概念，并在设计完善阶段制作了各种实体尺寸的产品模型，邀请学生和老师一起参与模型测试，根据他们给出的反馈进行现场调节。最终，IDEO 交付了一个完整、可行的工业设计方案——NODE 座椅，该方案在使用过程中具备高度移动性和组合灵活性，并能够根据需要迅速简易转换。Steelcase 根据这个方案加快了量产的进度，以确保产品推向市场的时机能与学校采购的周期同步。在 2010 年美国芝加哥国际办公家具及室内装饰展览会上，Steelcase 首次展出了 NODE 座椅，并荣获了创新设计奖。在产品上市两个月之时，Steelcase 就已收到了来自全球约 5 000 份订单，预售价格为 599 美元（带写字板）和 399 美元（不带写字板）。NODE 座椅凭借其“极致”的设计，荣获了星火国际设计奖。

在用户体验研究和服务设计领域，2010 年 IDEO 为西班牙对外银行重新定义和设计了自助银行服务系统。IDEO 为贴合客户需求，项目开始对自动柜员机的使用者进行了解。设计团队对西班牙的对外银行以及其他银行的使用者进行了观察，并与他们交谈。他们除了研究自动柜员机使用者的行为外，还对加油站的自动缴费装置、超市收银机和火车自动购票亭等相关的自助服务行为也进行了观察和研究。IDEO 充分运用了来自观察阶段的洞察，为西班牙对外银行自主金融服务的设计确立了保护隐私、操作简单、界面直观的诉求。

IDEO 团队帮助其重新设计了银行内部的沟通战略。在整个开发过程中，IDEO 和西班牙对外银行、自动柜员机制造商 NCR 及富士通密切合作，以确保最初的设计意图在结构设计和制造实施阶段能得到真实反映。新的自动柜员机需旋转 90°，侧面被罩上一层磨砂玻璃挡板，让使用者在操作时可以很自然地看到在后面排队的人，这样的设计不但减少了隐秘的个人信息被偷看的可能性，也降低了使用者心理层面的疑虑与压力。同时，他们对设备的界面也做了修改，所有的操作包括输入密码，都在一个 19 寸的触摸屏上完成，屏幕上只显示与当前操作相关的资讯或按键。所有的现金和回执都由一个插口出入，减少了使用者的工作量，简化了操作的复杂程度。一旦使用者将银行卡插入设备，屏幕上就会显示出银行卡的画面，在操作完成之前会一直存在，且在等待取钱的过程中，屏幕上会出现数钞票的画面，以减少使用者的不确定和疑惑，这样的设计将现实操作和虚拟操作完美融合。此外，这台设备不仅能够识别银行卡，还能识别使用者。它能够记取当前使用者最常用的操作，并据此提供个性化的操作“捷径”。此项新设计为西班牙对外银行赢得了《银行家》杂志评选的银行业科技创新奖。（图 2-3）

图 2-3 西班牙对外银行自助银行服务系统

2.1.2 产品开发设计的概念

产品开发设计是将市场需求变成具体产品并投放市场的创造性活动。从制造业企业来看，产品开发设计是在社会和用户需求、市场趋势、新技术运用等因素的驱动下，以追求市场竞争力和投资利润为目标的产品创新决策和战略行为。从设计师的角度来说，产品开发设计是一系列围绕目标的问题求解活动，表现为用户需求、市场、成本、技术、可用性、法律法规等多重因素约束下的一连串的问题求解过程，支持制造业企业向市场推出新产品。

产品开发设计不同于产品概念设计。虽然从创新的角度来看，产品开发设计与产品概念设计有很多相似性，例如，它们都是面向未来的探索性尝试，都具有很强的前瞻性和创造性。但是两者在设计的完成度和是否具有市场化方面有显著区别。概念设计预示了当前和未来高科技与生活方式发展的趋势，是展示设计师敏锐的洞察力、表现力的理想舞台。虽然概念设计也提出了产品需求和相对具体的设计理念和技术特征，但是从产品概念设计到其真正投入生产，还有一个相当长的技术转化过程。因此，概念设计是未来产品的雏形，它并没有形成可以直接用于生产、销售、服务的最终产品。而产品开发设计则基于对消费者新的消费需求、技术发展水平、市场趋势研究和分析，形成企业产品开发战略，其目标在于推出新产品，满足消费者需求，巩固和扩大企业在市场中的销售份额。产品开发设计的周期较长，在开发中需要大量人力、资金、时间的投入，存在较大的市场风险。因此，产品开发设计必须经过充分的调研分析，认真评估企业的各方面资源和实力，按照产品开发流程进行产品设计。

随着社会文化、经济水平和生活方式的快速变化，在科学技术快速发展的驱动下，产品开发设计的周期越来越短，效率越来越高，需求越来越大。在通常的企业产品开发设计中，依据设计的市场目标、创新程度等的不同，产品开发设计往往分为产品改良设计和产品原创设计两大类。

一、产品改良设计

产品改良设计也被称为产品沿用设计，它是以成熟的技术结构和常规的生产制造模式为基础，运用常规方法来进行的产品设计。改良设计一般在不改变现有产品工作原理的基础上，对已有产品的功能、造型、结构等方面进行局部改进，以求适应消费者的新需求，提高产品在市场中的竞争力。因此，改良设计更具有渐进式的创新意味。现实生活中，尽管创新产品层出不穷，但改良设计的产品占大多数，如电吹风和自行车的最初产品和现在的改良产品做比较，在形式

图 2-4 永久牌自行车

图 2-5 FR ATB 旅行车

上并无多大差别，其演化过程说明：产品的形式和原理被一直沿用了下来。我国 20 世纪 60 年代初开发的代步自行车（图 2-4），与 2015 年日本 VIGORE KATAOKA 公司开发的 FR ATB 旅行车（图 2-5）在基本原理、结构和整体造型上是一致的。FR ATB 旅行车在传统自行车的基础上，根据用户需求和使用环境的变化，结合山地自行车的韧性、易操作性和公路自行车的速度与机动性，选用了新的材料和造型，改进和平衡了速度与操控性之间的关系，适合用户在山地和公路两种道路中使用。

在产品改良设计过程中，由于有大量的前期产品市场反馈和竞争对手的产品可供分析与参考，已形成了比较成熟的用户群，对已有市场产品，特别是行业标杆产品和主要竞争对手产品的研究显得格外重要。同时，通过用户调研与访谈、售后服务与消费者反馈等方式收集已有产品的缺陷、不足及用户需求动向等信息，对产品改良设计的定位、市场细分和改进方向具有重要价值。在已有消费的基础上，创造出新的产品机会，形成新设计的起点，是产品改良设计的基本逻辑。产品通过局部的改良设计，企业可以在节省成本和降低创新风险的前提下，弥补前一代产品所存在的缺陷，在已有消费的基础上改善产品的性能，也可以适当增加一些局部功能，或者做局部造型的改变，让产品给消费者带来全新的感觉，从而获得良好的市场反应。对产品进行改良设计，虽然不能获得极大的产品附加值和品牌效应，但是产品经过了市场和消费者的长期检验，供应链完善，性能可靠，价格较低，设计创新的风险和成本较低，有助于满足消费者的共性需求、延续性购买与使用，可以提升产品的性价比和市场竞争力。

产品改良设计通常会有很多的限制，比如从成本和效率的角度考虑，需要最大限度地满足模具的共用和供应链的现状，这就给设计师提出了相互矛盾的双重设计要求：一方面，要发挥设计师的经验和创新能力，让产品给消费者耳目一新的感觉；另一方面，必须兼顾企业的成本控制战略、制造技术和生产效率，以及消费者的接受程度，这就需要更多地从细节处创新产品。设计师必须协调这种既要求创新，又要求低成本和最大限度共用性的设计。正如德国工业设计大师迪特·拉姆斯（Dieter Rams）主张工业产品的美学要求应该是“简洁、精致、诚实、平衡和含蓄的”，既强调“好的设计是创新的”，也强调“好的设计是拥有细节的”和“好的设计是尽可能少设计的”，这正是产品改良设计的关键（图 2-6）。为了满足这些要求，产品改良设计往往主要集中在提高产品性能，改进产品的使用方式、结构、尺寸，增加、精简或优化产品功能，更换产品外形或局部造型与装饰，整体或局部选择新材料，改进产品表面处理工艺，重新规划产品色彩方案等方面。

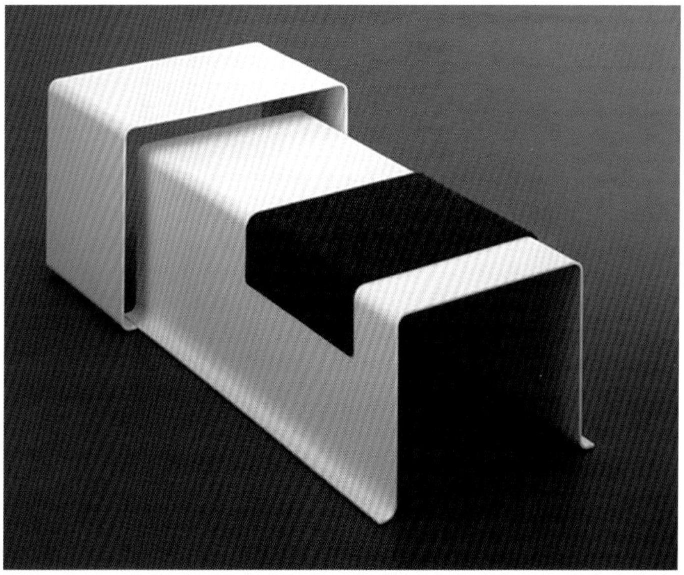
图 2-6 迪特 · 拉姆斯设计的家具

图 2-7 农夫山泉玻璃瓶装水包装设计

例如，英国设计工作室 Horse 的合伙人 Sarah Pidgeon 为完成农夫山泉玻璃瓶装水的包装设计，在设计过程中，设计师通过市场调研、参观公司，了解农夫山泉以往产品和历年积累下来的设计素材，并应邀前往长白山感受水源地——莫涯泉的自然环境，研究当地生长的动植物。在此基础上他选取了 8 种长白山地的典型动植物：缓缓前行的东北虎、长角的马鹿、飞翔的鹗、机警的中华秋沙鸭、山楂海棠、红松、野生蕨类和雪花，再经过英国插画师 Natasha Searston 的创作和绘制，就呈现出了图 2-7 瓶身的装饰图案。水滴形状的玻璃瓶身上画着长白山的典型动植物形象，并配以相关数字和文字说明，这个玻璃瓶使消费者一眼就能看出它是一瓶水而不是酒，同时，包装还反映出了长白山的人文特点，以引导消费者去关注。

二、产品原创设计

产品原创设计亦称为产品革新设计，是一种具有原创性的设计活动，是从消费者的需求出发，并对这种需求的未来发展趋势做出科学、准确的预测，在此基础上广泛采用新的原理、新的技术、新的材料、新的制造工艺、新的设计理念而设计开发具有新结构、新功能的全新产品的一个系列产品开发设计活动。成功的产品创新设计往往具有明显的技术优势和经济优势，在设计理念、功能、技术原理、使用方式与造型等方面取得了重大突破，在市场上具有强劲的竞争力，它的出现往往可推动原有产品的变革，从而推动整个产业、市场及产品的更新换代。从创新角度而言，原创设计是在产品的工作原理、结构不确定的情况下，针对设计委托方及市场和社会需求提出新的产品解决方案，属于一种具有跳跃性、激进性的设计方法；从设计目标而言，原创设计是以解决问题为导向，以推出新产品为目标的创造性企业行为。

产品原创设计往往以预测社会文化发展、生活方式变化和技术革新而推出的新颖而独特的产品。设计具有一定的前瞻性，具有开创消费市场、引领消费方式和引导新的生活体验的作用。在设计过程中，往往没有类似产品可做借鉴，缺乏成熟的消费群体可供调查或研究，也难以找到类似的竞争对手的产品可供比较和参考。因此，原创设计需要更多地依靠设计师对未来社会与消费者需求的敏锐洞察，以及对服务与产品方案的自行创造。

例如，受 Honeywell 的邀请，青蛙设计公司（FROG DESIGN）进行了在恒温器和安全商业领域构建互联家居平台未来蓝图的大胆尝试。通过观察消费者及创想概念化，青蛙设计公司提出了以消费者为中心的家居解决方案，即 Honeywell 的智能家居概念：只要在手机或者平板电脑上轻触几下，就可以连接及控制室内的家用设备。

青蛙设计公司在调研中发现，消费者往往对于智能家居的复杂性感到茫然失措，他们需要一种更为通俗易懂的方式来接纳新兴科技。产品或服务不应迫使消费者去制订苛刻死板的日程安排，而应是产品或服务去更加积极地适应人们的生活方式。企业需要将创新、技术、商业、研究及消费者紧密结合，使创造性设计变得更有价值。青蛙设计公司与 Honeywell 其他多个业务单位展开合作，共同致力于调整 Honeywell 智能家居产品线的产品定位和通用设计语言系统。为了能设计出更受关注的、合理的、制作精良且愉悦大众的产品，青蛙团队为 Honeywell 提供了初步的跨越软件和硬件界限的设计语言，同时也致力于将其与产品平台的特质融为一体。（图 2-8）

图 2-8 Honeywell 智能家居系统界面设计

在设计过程中，虽然都是以解决问题为导向，以推出新产品为目标，但是产品原创设计与产品改良设计的概念不同。原创设计需要通过大量的原理性研究和实验来完成，在设计“源”点、研究方法等因素上都要有新的思考。原创设计的核心集中在对“源”点的设计。产品开发的“源”点应建立在对产品关键性能和影响关键性能的关键性技术的解析上。不同类型的产品，性能指标有很大差异，要进行具体的研究和分类，如抽油烟机的关键性能是吸力的大小、范围，噪音的控制以及油烟的流向，要基于这些性能制订原创设计目标，而能够改变这些关键性能的相关原理设计和实现的过程，就是关键技术产生的过程。

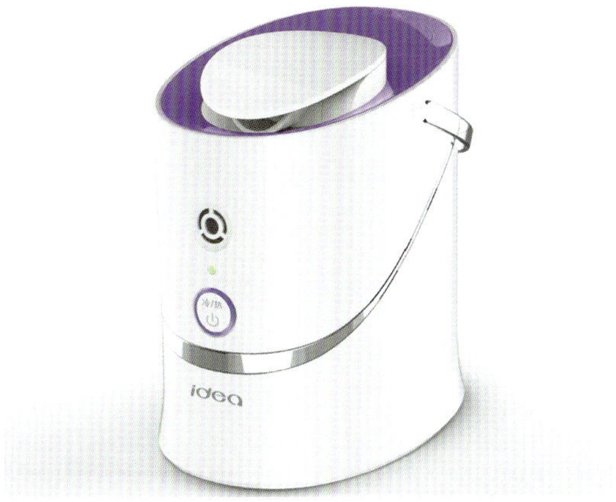

图 2-9 欧凌冷热蒸汽蒸脸器

产品原创设计的研究方法可从三个维度展开，即独立模块、分层思想和创新原理。独立模块是对产品功能区进行模块化分割，评估不同功能模块对性能的影响幅度。分层思想是根据影响幅度对产品功能模块进行分层设计，依据技术的复杂程度将产品功能模块分为上层模块（核心区，难突破）、中层模块（次核心区，可突破）和下层模块（非核心区，易突破）。创新原理即对独立功能模块进行原理的突破性研究。图 2–9 的欧凌冷热蒸汽蒸脸器就是从核心技术功能区开始创新的。该产品从消费者的需求出发，通过对功能原理和结构方面的创新，实现在热蒸汽蒸脸后，再用冷蒸汽蒸脸，让皮肤毛孔收缩，使皮肤更细腻，它不仅突破了市面上只有热蒸汽的蒸脸器，还从根本上创新了原有产品的性能。

图 2-10 养生灯及其结构原理

结合多种新技术，以功能原理创新产品为原创设计的基本思路。图 2–10 的养生灯，结合了盆栽和灯具的功能，植物与灯互利共生，养生灯底部加一次水，可以使用 1 ～ 2 个月；缺水时，底部照明灯会闪烁，提示加水，实现了真正意义上的“懒人花盆”。养生灯底部的水通过连接泥土的棉线到达培养皿，滋养盆栽中的植物。底部照明灯工作过程中散发的热量，会加速水分子运动，促进水中氧原子的生成，增强盆栽的滋养能力。通过水散热，可延长 LED 照明灯的使用寿命。光照不足时，养生灯顶部的植物补光灯，能让植物在室内也能持续进行光合作用，健康生长，可解决大部分植物由于光照不足无法长期在室内生存的问题。

产品原创设计的研究方式通常采用探索式、验证型、模型化的操作模式，以快速的模型和实验作为主体研究手段，边猜想、边制作、边实验、边验证、边修正。开放式和复合型是原创设计的基本创新方式，在产品原创设计的过程中，需要设计学、机械学、物理学、材料学、化学、生物学、交互技术、心理学等多方面知识的共同作用。开放式和复合型的研究环境有利于实现学科交叉，而且实验条件需要向小型化、专业化、多用性方向发展，这是“原创”产生的根源。同时，产品原创设计的技术保护也至关重要，“技术保护”需要对“原创设计”的专利申请和保护范围进行界定。产品原理层面的创新，能够实现产品的技术性和功能性突破，形成产品根本性的差异化和核心市场竞争力，这种创新往往可以申请发明专利。发明专利的申请量、授权量代表了一个企业的创新能力和水平，也反映了产品的核心竞争力。同时，“技术保护”也有助于实现产品的技术通用和技术扩展，形成新的技术标准，可影响同类或类似产品的技术研发，进一步提高产业整体设计水平。

2.1.3 产品开发设计的目的与意义

设计是目的导向下的创新活动。产品开发设计既是服务和改善社会生产生活的创造性活动，也是企业生存发展、不断获取市场竞争优势的基本手段。

企业进行产品开发设计是为了使本企业的产品及与之相关的服务更适合消费者的某种需求，提高产品的市场竞争力，获取更多的利润。设计的目的主要有：一是创造或开拓新的消费市场，为消费者创造新的生活方式。二是改进原有产品，获得新的产品订单，增加产品销量；或降低产品成本，提高产品利润。三是优化产品，提高产品技术和质量水平，改进产品性能，提高消费者对产品的满意度和市场竞争力。四是降低不确定性因素带来的风险，优化和整合利用企业资源，创造新的市场机会。五是推进新技术、新工艺、新材料的应用和商业化，通过开发新产品引领行业和市场，在创造高附加值的同时塑造企业品牌，驱动企业战略目标的实现。

从整体来看，产品开发设计的意义主要体现在以下五个层面。

一、用户消费层面

产品开发设计的最终目的是解决问题。从用户消费的层面来看，开发设计的“优秀产品”不仅要为消费者创造合理的使用方式和生活方式，解决使用和生活中的问题，给消费者在使用某个产品时带来便利和舒适，还要使消费者的心情愉悦，并进一步利用产品作为媒介，影响消费者与其他人之间的交流和互动，促进人机关系和人际关系的和谐。产品开发设计的成果无时无刻不在影响和改变着人们的生活，社会公众的衣、食、住、行，人们操作产品的行为和思维方式，人们的休闲、工作、娱乐等方式都伴随着产品设计的丰富和发展而不断变化。优秀的设计通过消费和使用，能激发消费者的积极情感，向消费者传播消费理念和创新价值，引导健康的消费价值观，进一步改变人们的思维、精神与物质生活方式，甚至社会价值观。

二、市场竞争层面

新产品的开发设计，能为企业提高产品的市场竞争力，提高产品的附加值。企业通过产品开发设计，进行功能、造型、CMF（色彩—材料—表面工艺）等的创新，塑造产品的差异性，开发不同型号和不同款式的产品以提高销售利润。在此基础上进一步加强市场和消费者调研，进行产品策划和基础研究（如使用方式、人机关系等），突出技术研发和产品形象的一致性，并配合推广营销和品牌战略，以沉淀企业品牌，促进企业转型升级。

三、科学技术层面

产品开发设计有助于促使科学技术市场化，并反过来促进科学技术进步。一方面，赋予商业产品丰富的技术属性，以产品为载体向社会公众转移科学技术，让社会公众在购买、欣赏和使用设计的同时，享受科学技术发展的成果。同时，消费者还能以设计为媒介，认识和理解科学技术知识和发展趋势。比如，一般消费者通常可以通过手机的设计现状来理解交互的概念和技术内涵。另一方面，消费者对技术产品的需求也会反过来进一步促进技术研发、科技进步和技术商品化。科技的发展很大程度上依赖于消费需求，消费需求是投入科学研究和技术开发的直接动力。

四、自然环境层面

优秀的产品开发设计，能在产品开发初期，以绿色设计和可持续发展的设计观为指导，通过产品材料的选择、结构与功能设计、加工工艺的选择、使用方式的优化等方法，系统考虑产品在整个生命周期中对自然环境的影响，尽量减少资源的浪费和对环境的污染。遵循可持续设计的原则，是当前产品开发设计的核心价值理念。

五、社会影响层面

在今天的商业社会，到处充斥着丰富的新产品。产品对社会价值观和社会公众的行为影响已是显而易见的。产品既是技术商品化的桥梁，也是文化与审美生活化和社会化的手段。设计可以改善人与人之间的关系，也是消费者个性、兴趣、爱好和品位的象征，很多时候，了解和认识一个人，可以从他所使用的设计开始；了解和认识一种文化，一种价值观，一种社会生活态度和哲学，也可以从这个文化背景中的设计开始。这就是产品开发设计在社会生活中的价值。产品开发设计不仅要关注经济效益，还要关注社会效益。

2.1.4 产品开发设计的趋势

工业产品的开发设计与制造业模式、商业模式和用户社会生活方式紧密相关。中国传统制造业推行“研发设计—大规模制造—营销服务”的产业链模式，产能过剩、同质化竞争、利润微薄等是我们当前面临的核心问题，“互联网 +”正在颠覆中国传统制造业。开发设计处于制造业产业链最前端，迫切需要将互联网嵌入产品开发设计的全过程，将互联网时代的用户认知与消费方式、智能技术、制造和商业模式整合于新的设计系统之中。

从宏观上看，当前产品开发设计主要有如下三点趋势：

一、产品正在向智能化、简约化、娱乐化和个性定制化的方向发展

随着 21 世纪的科技进展，信息化与工业化的深度融合，传感技术和智能硬件的普及应用，人们的生产方式、工作方式、学习方式、交往方式、生活方式、思维方式等正在发生极其深刻的变化。同时，产品的结构模式和价值体系也在发生根本的变化，在物理功能趋于同质化的背景下，交互方式和体验价值成为提升产品竞争力的关键因素。

图 2-11 ILY-A 紧凑型个人移动设备

图 2-12 十二生肖玩具

图 2–11 的 ILY–A 紧凑型个人移动设备，用户能根据 4 种不同的模式自由转化。它配备了新开发的智能安全功能，应用机器人技术，可作为移动设备、婴儿车等，当有障碍物或人在其路径上时，移动端会自动检测到，并控制其速度。ILY–A 以其安全性和人性化，是一种所有年龄段的人都可以积极参与的个人移动设备，它扩大了人们的日常活动范围，也方便应用于不同用户群的日常生活。

图 2–12 的十二生肖玩具，正是从寓教于乐的角度进行产品创新的。这一套原木制成的、纯天然的、圆润光滑没有棱角的鸡蛋造型玩具专为婴幼儿设计，无论宝宝拿在手里把玩，还是用嘴咬，都不用担心会对宝宝造成任何伤害。玩具上的十二生肖是中国的传统文化，关于十二生肖的故事数不胜数，每个生肖都有其独特的优良品质，如鼠代表智慧、牛代表勤劳、老虎代表勇敢等，这些优良品质会潜移默化地影响婴幼儿的成长。十二生肖玩具用藤编篮子收纳和包装，灵感来自一篮子鸡蛋，并且每个生肖玩具里面都有一个磁铁，让玩具不易丢失，且增强了产品的趣味性。

二、设计关注的焦点正在从实体产品转向交互体验和系统服务模式

互联网带来了智慧生活与消费的普及，同时也在不断改变人们的思维方式、生活习惯和消费方式。在互联网，特别是移动互联网的影响下，年轻一代消费者认知产品的方式正在从“实体店的一次性购买”转向了“线上线下多次互动”，从购买“单件产品”转向了定制“整体服务系统”，从关注技术、功能、结构、造型、材料等转向了聚焦多次互动过程中全接触点的服务体验，产品的娱乐性、人格化、个性化和自我价值越来越重要，消费者不仅需要购买和使用产品，还需要参与设计定制、供应链管理、在线评价、晒生活 / 产品等全过程。产品的开发设计正在从关注实体产品，转向关注交互体验和系统服务。支持用户与设计师、产品及生产制造之间进行线上线下多点接触和深度交流互动，支持线上线下多点接触的用户体验一致性需求，正是当前产品开发设计的价值转向。

如在整体厨房领域，结合电子技术、信息技术、物理学、材料学、结构力学等的最新成果，广泛应用各种智能技术，创造新的产品运动方式和控制方式，提供新的交互模式，正成为厨房产品创新的焦点，厨房家具也正在向数字化和智能化方向发展。意大利 TM Italia 公司推出的 FX–CARBON 厨房系统，将厨房看成是“家”的标志符号和房子的“心脏”，掀起了现代厨房乃至生活方式技术革命。FX–

图 2-13 FX-CARBON 厨房系统

CARBON 厨房系统运用了碳纤维与木材复合的 FX 碳材料（一种太空材料），在使用时会让用户感觉特别细腻和亲切，同时还具备卓越的耐磨、耐化学腐蚀和耐风化的功能。厨房是由尖端电器和多媒体组成的服务中心，先进的技术和电子产品，让整个家居活动都在掌控中。网络、邮件、蓝牙、电视、远程控制、游戏操作台、为儿童的安全特别设计的电子锁定系统等，让交互式厨房成为家庭活动的多媒体中心。（图 2-13）

三、设计方法正在向研究性设计和产业链的系统创新方向发展

“设计即研究”将成为设计发展的趋势。研究社会生活方式、需求趋势、产业模式和技术原型，在技术实现前开展主动设计和前置设计，是新科技革命时代、新产品的创新模式。设计本身就是一种研究行为，而不再仅仅是一种艺术的感性行为。

工业设计从制造单件产品差异发展到了构建社会协同创新机制，从单件的产品创新转向产业生态链的系统设计。设计过程中越来越注重对标准的研究和制订，越来越注重多学科的跨界融合和协同创新，越来越多的企业客户需要设计公司提供一站式的服务能力与整体解决方案。随着产业的深度融合和产业边界的模糊，工业设计应该提供面向全产业链协同的、更加系统的策略和方案，设计从单个产品设计转向面向产业生态链的开放式系统创新，这种创新既包含协同制造过程，也包含产品服务模式和过程。

2.2 设计战略与产品开发的基本模式

2.2.1 企业战略与产品设计策略

战略是根据整体状况，分析所要达到的目标及达到这些目标的总体路径。有远见的企业必须有自己的战略，任何分析都应包括预测长期性的目标和对当下情况的系统考察。企业战略的总体目标是确认和保护企业在开放市场中的长期竞争优势，定义商业目标和怎样去实现这些目标是企业战略的核心，产品开发设计在这个过程中应该扮演着战略性角色。

企业应有一个全面的设计战略，将设计的精神贯穿于所有的组织过程——产品传达的整个价值链。例如，阿莱西公司在近百年的发展历程中，始终将设计看成艺术，以“将诗意带给人民大众”作为企业使命。阿莱西将自身定位为一个把艺术、工艺和先进技术融合为一体，

图 2-14 阿莱西的厨房用品

并致力于提供符合当代观点及诗意美感的企业，追求为广大消费者创造“多样化美学”的产品。（图 2-14）

不同的企业，由于所处的环境和自身条件的差异，会制订不同的产品设计策略。产品设计策略的概念有助于提升企业对产品设计开发的整体认识，让设计融入企业的发展战略中。正如产品开发设计在不同的企业有不同的认知程度一样，企业对产品设计策略的理解具有动态性和多角度性，不同学者和企业对产品设计策略的理解：①指企业设计师创新产品构想的目标，协助设计产品、产品系列化规划、服务与沟通传达，以应对未来市场发展与用户需求趋势、技术发展前景、生活方式变迁等环境；②指凭借产品设计获取市场竞争优势的一种行动计划，这种计划或设计策略由设计者掌握；③指有效地分配与协调设计资源和设计行为的规划，以协助企业达到战略目标；④指针对企业战略而提出的设计理念与行为，用以应对未来市场营销与产品技术进步的趋势。产品设计策略是企业应对市场、技术等外部因素变化，决定产品设计目标与方向，评估设计因素与资源所提出的系统规划，其目的是作为设计师或设计活动可遵循的指导方针。

根据哈佛著名教授 Michael Porter 的一般性策略理论，Mozota 认为产品设计策略包括三种基本形式：一是为降低成本而设计，此策略以成本为导向，并以技术优势和制造能力为策略优先考虑要素；二是为树立形象而设计，此策略主要考虑企业的长远发展，着重塑造和树立企业的公众形象；三是为使用者而设计，设计必须改善产品表现形式以提升其差异性，为客户创造与众不同的价值感。

Walsh 在针对产品设计表现与产品开发管理的跨国性比较研究中，发现企业往往并非使用单一的产品设计策略，而是多种策略的交叉综合运用。同时，企业可将产品设计策略分为长期策略、中期策略与短期策略。长期策略在于规划系列产品，制订产品上市、改良或发展新产品计划等；中期策略则多用于改善制造技术、进行重组或降低成本等活动；短期策略则属市场策略，主要用于扩张现有市场与发掘新市场，以提升产品销售量。Keely 提出产品设计策略的调色盘（Strategic Design Palette）理论架构，该理论从 12 个方面的构成来解释企业的产品设计策略，即功能、品牌、加工、销售、渠道、系统、服务、组织、法律、标准、开发、材料。当企业进行产品开发设计时，依不同产品和目标对象找出适当的因子，并加以组合，成为综合的产品设计策略。

尽管许多学者对产品设计策略的定义各不相同，但关于产品设计策略概念描述都应有以下基本的共识。

①就属性来说，产品设计策略是一种计划范围之内的概念。因此，产品设计策略也同一般概念的计划一样，表现为“目标与手段”体系，即是有一定的策略目标和为了实现既定目标事先妥善规划的一个系列策略手段的组合。所有产品开发设计策略都应当回答清楚

两个问题：策略的目标是什么？策略达成的方法是什么？

②产品设计策略具有全面性、长远性的系统计划，其涵盖范围是全面性的、长远性的时空结构。主要目的是保障企业产品的持续发展、创新和市场竞争优势，从而永续经营。

③产品设计策略是一种以适应用户需求、市场环境和超越其他产品为主要特征的竞争性计划。设计策略不仅要考虑产品生命周期，还要随时注意市场环境的变化与竞争对手的威胁。

综合上述，考虑开发设计在产品进程中的角色与责任，产品设计策略主要指通过产品设计开发而获取企业和产品竞争性优势的计划，其可通过两种途径来实现：一是设计新产品，开拓新的市场；二是比竞争对手更能满足现有市场的需要，在现有市场中获取竞争优势。例如，企业可以从竞争性优势着手，在技术上有所突破，进行新产品的开发与研制，进而开辟新的消费市场。

2.2.2 制造业企业类型与产品设计战略

产品的工业设计起源于西方的工业革命，也称为产业设计，与制造业模式紧密相关。中国传统制造业推行“研发设计－大规模制造－营销服务”的产业链模式，产能过剩、同质化竞争、缺乏创新、利润微薄等是我国制造业当前面临的核心问题。

随着信息技术、互联网技术和体验经济的兴起，我国制造业正处于产业结构调整和转型升级时期。从承担的业务类型来看，我国制造业呈现出原始设备生产商（Original Equipment Manufacturer，简称 OEM）、原始设计制造商（Original Design Manufacturer，简称 ODM）和原始品牌制造商（Original Brand Manufacturer，简称 OBM）三类企业并存的局面，以传统 OEM 的代工生产方式为主体，工型的制造格局明显。从整体上看，制造业已经实现了工业，但并未完全实现“工业化”。

一、OEM 制造模式与设计

OEM 即原始设备生产商，通常亦可简称为“代工生产”或“贴牌生产”。OEM 是在社会化分工、专业化利益驱动下产生的，其基本含义是：按原单位（品牌单位）委托合同进行产品开发和制造，用原单位品牌与商标，由原单位销售或经营的合作经营生产方式。

OEM 这种经营模式在国际上已运作多年并行之有效。企业为了加大其拥有资源在创新能力方面的配置，尽可能地减少在固定资产方面的投入，企业不直接进行生产，而是通过其他企业代为生产的方式来完成产品的生产任务。这样，企业只需支付材料成本费和加工费，而不必承担设备折旧和自建工厂的负担，可随时根据市场变化灵活地按需下单。由此可促进产品业务形成新的经营优势，培养和壮大企业内在的扩张力，提高企业的经营能力和管理水平，从而为更高层次的资本运营创造条件和积累经验。

OEM 与现代工业社会有着密切的关系，在电脑硬件产品中非常普遍，如 OEM 光驱、OEM 显示器、OEM 鼠标等。一些著名的品牌商品制造商，常常因为自己的厂房不能达到大批量生产的要求，又或者需要某些特定的零件，因此向其他厂商求助，这些伸出援手的厂商就被称为 OEM。若将其引申到 IT 领域的话，则表示进行代工的生产商。例如 CPU 风扇，Intel 或 AMD 公司本身并不生产，它们通常会找如日本三洋公司这样的专业电机制造企业做风扇的 OEM 进行生产。

OEM 制造业企业在整体上不太重视开发设计，生产制造是它的核心任务，产品创新和服务相对处于次要位置。针对这个阶段的设计，产品开发主要处于物料附加和性价比竞争阶段，客户对设计价值认知模糊，企业不愿意花设计费，很多产品的开发设计都是在模具厂完成。在业务方面，设计甚至被作为生产制造的附属品来免费附送，但其设计服务单一，主要以模仿为主。例如，做名片送 LOGO、开模具送造型设计等，都是 OEM 常采用的设计业务方式。

二、ODM 制造模式与设计

ODM 即原始设计制造商，它可以为客户提供从产品研发、设计制造到后期维护的全部服务，客户只需向 ODM 服务商提出产品的功能、性能，甚至只需提供产品的构思，ODM 服务商就可以将产品从设想变为现实。某些制造商设计出的产品，会被其他企业看中，会要求配上该企业自己的品牌名称再进行生产、销售，或者在设计上做一些小的改动（如按键位置、屏幕大小、局部材料等）再进行生产，人们习惯称前者为后者的 ODM。这样做最大的好处是可减少企业的研发时间。

OEM 和 ODM 两者最大的区别是，OEM 产品是为品牌厂商量身订制的，生产后只能使用该品牌名称，绝对不能冠上生产者自己的品牌再进行生产。而 ODM 则要看品牌企业有没有买断该产品的版权。如果没有，制造商有权自己组织生产，只要没有企业公司的设计识别即可。例如，某些日本品牌的笔记本电脑实际上就是由台湾厂商代工生产的。事后，台湾厂商只需修改某些设计细节或配件便可以自己的品牌名称进行批量生产。原因在于它们为这些日本品牌做的是 ODM 而非 OEM，所以这些产品可以从同一条生产线生产出来。

在工业社会中，OEM 和 ODM 可谓司空见惯。出于降低制造成本、运输方便、节省开发时间等方面的考虑，知名品牌企业一般都愿意找其他厂商作为 OEM 或 ODM 进行生产，但知名品牌企业也要承担不少责任。毕竟产品冠的是自己的品牌，如果制造出的产品质量不佳，轻则会有顾客找上门投诉，重则可能要上法庭。所以，品牌企业在委托厂商加工期间肯定会进行严格的质量把控。但代工服务结束后，OEM 或 ODM 生产的产品质量就不敢保证了。因此，当某个生产商是某个大品牌的 OEM 或 ODM 时，并不能说明其生产的产品质量就等同于该品牌，只能说明这家生产商具有一定的生产能力。

OEM 向客户提供差异化服务，为了提高利润，向 ODM 转型是关键。在 ODM 类型的业务中，产品设计的价值主要体现在面子竞争和议价竞争，设计公司往往通过价格竞争，以业务量取胜。大型客户往往倾向找外地或国外大型设计公司进行产品设计，产品设计创新是作为提高产品价格和档次、创造差异性的重要手段，并可以进一步提高企业形象和品牌影响力，“面子”“形象”和利润率是这个阶段企业进行市场战略和产品设计战略的重要因素。对产品进行式样和改良设计，是 ODM 通常采取的手段。比如 ODM 企业通过工业设计，进行功能、造型、CMF 等的创新，塑造产品差异性，开发不同型号和不同款式的产品以提高销售利润。在这种产品的改良性设计过程中，对造型和 CMF 进行变更和设计是

图 2-15 厨房料理三件套

ODM 企业通常采取的设计策略，这种设计策略有助于减少原创产品开发的成本，缩短产品开发周期，降低产品创新带来的市场风险。ODM 的核心是技术创新，只有那些能够通过产品研发和工业设计来实现产品差异化的厂商才能赢得 ODM 客户的广泛青睐。如图 2-15 即是设计公司（顺德艾迪工业设计有限公司）联合生产企业（佛山沃生家居有限公司）为品牌商（欧派家居集团股份有限公司）提供的 ODM 服务。其设计从收纳的问题出发，合理运用了材质搭配，巧妙地解决了三件套积水的问题，整体造型采用天鹅的形态，给人优雅的产品视觉效果。

三、OBM 制造模式与设计

OBM 即原始品牌制造商，是代工厂经营自有品牌，或者说生产商自行创立产品品牌，生产、销售拥有自主品牌的产品。由于代工厂做 OBM 要有完善的营销网络作为支撑，渠道建设的费用很大，花费的精力也远比做 OEM 和 ODM 高，而且常会与自己的 OEM、ODM 客户产生冲突。因此代工厂通常为了保证大客户利益，很少大规模地去做 OBM。

经营自主品牌涉及多种知识体系的综合运用，企业品牌要得到消费者的认同，需要付出巨大的投资和艰辛的努力。OBM 有着比 OEM 和 ODM 复杂得多的生产、营销和售后服务等业务，OBM 生产面对的客户数量多，企业关注业务发展的时间跨度较长，因此，企业管理也更加困难。

在 OBM 的业务型企业中，企业品牌和企业文化竞争是企业产品开发设计应该考虑的。企业进行产品开发设计主要有打包服务、专业分工等形式，设计公司或设计部门为制造商打包提供完整的商业解决方案，探索地域性的行业产品设计标准，提升企业的整体形象、设计文化竞争力，促进企业规模化发展，正是这个阶段设计策略的重要方式。在 OBM 制造阶段，委托专业机构进行市场和用户调研，开展系统的产品策划和基础研究（如使用方式、人机关系等），突出产品技术研发，解决产品的核心技术和用户关心的重点问题，设计中关注用户的本质性需求，注重整合用户需求、科技可行性和商业模式，从源头上进行产品创新。如图 2-16 的奈斯透明吊椅就是从透明 PC

图 2-16 奈斯透明吊椅

生产制造中的核心技术和用户的体验性需求出发进行的原创设计。该吊椅以树叶为创意元素，将轻盈的产品语意体现得淋漓尽致，让用户在吊椅上休息时得到全身心的放松。PC 透明塑料被创造性地运用在吊椅上，用户可 360° 无障碍欣赏美景，无论是在什么环境下使用，优势都非常的明显。蛋形的整体造型，人机上更合理，长时间使用，用户都能获得舒适的体验。

不同的企业类型通常采取不同的设计战略，如表 2–1 所示。

表 2–1 不同企业类型的设计战略

序号	企业类型	设计战略
1	OEM（原始设备生产企业）	模仿设计、局部改良设计、免费送设计
2	ODM（原始设计制造企业）	改良设计、式样创新设计、功能改良设计
3	OBM（原始品牌制造企业）	功能设计、原型创新设计、产品服务系统设计

近年来，有些学者提出了“原始战略制造商”（Original Strategy Manufacture，简称 OSM）的概念，作为体验经济和产品服务系统广泛出现的情况下是对 OEM、ODM、OBM 业务形式所做的补充。OSM 由于拥有行业领先产品，使之成为围绕产品战略所形成的集团性企业的中心。以体验型业务主导的产品服务系统，最适合开展深层次的工业设计，如苹果、谷歌等企业。OBM 由于拥有自主品牌，企业价值与形象的传达使之对工业设计工作具有较强的依赖性。ODM 因为能够从 OSM、OBM 的订单中得到以自身品牌独立销售产品的机会，

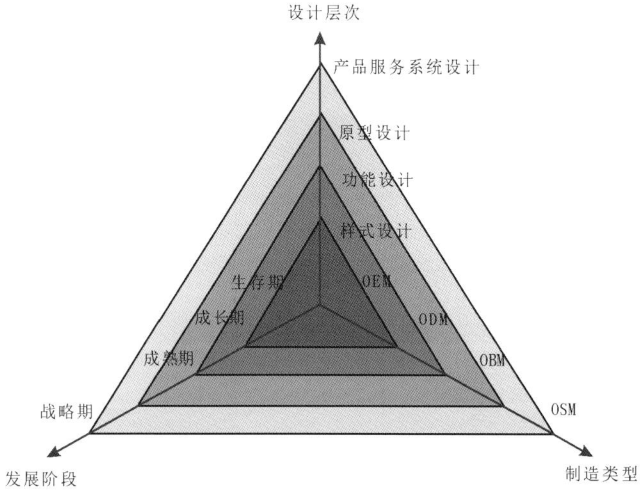

图 2–17 工业设计的价值与应用企业类型的逻辑关系示意图

因而在一定程度上同样需要工业设计服务的介入。OEM 由于被上述各类企业的整体战略和外围业务层层包裹，工业设计较难引入，群体的产业化也较难实现，逻辑关系如图 2–17 所示。

经过上述分析我们可以发现，在不同类型的国际代工企业中，OEM 代工主要经营产品的生产制造环节，ODM 代工主要经营产品的研究设计和生产制造环节，而 OBM 则主要经营产品的研究设计、营销（包含品牌）和销售环节，生产制造环节甚至成为了 OBM 企业次要的经营领域。OEM、ODM 和 OBM 三者在交易实体、交易内容、基本知识、基本能力、自主创新程度和关键成功因素方面拥有多方面的区别，它们相应的阶段特征如表 2–2 所示。

表 2-2 OEM、ODM 和 OBM 相应的阶段特征

项目	OEM	ODM	OBM
交易实体	零组件、半成品或成品	完整功能的产品	完整功能的产品或服务
交易内容	OEM 买方决定	买卖双方决定	自行决定
基本知识	产品组装制造知识	产品组装制造知识 产品开发设计知识	产品组装制造知识 产品开发设计知识 产品市场营销知识
基本能力	低成本且快速的制造能力	低成本且快速的制造能力 快速且优质的产品设计能力	营销渠道和品牌树立 管理和维护能力
自主创新程度	程度较低	程度中等	程度很高
关键成功因素	获取具有产品技术的买方订单	获取具有强大营销能力的买方订单	与其他产品争夺市场 品牌的成功建立与维护

新兴市场中的企业实现转型和升级的最佳路径是先从接收委托代工生产开始，而后进行研发设计，最终的目标是建立自主品牌。从 OEM 代工升级到 ODM 代工和 OBM。前者为后者的产生和发展提供了资本积累和技术积累，并为将来企业的品牌推广打下基础。新加坡、韩国等的一些企业在工业发展过程中大多从 OEM 转变为 ODM，还有的转变为 OBM。新兴市场中的企业还有一种情况，即有些企业在本国或本地区有一定的竞争优势，也拥有自己的生产设计能力和品牌，可实现本土范围上的 OBM，但是这种优势是相对的，该企业的技术水平无法与国外的竞争者相比，也就无法使自己的品牌实现国际化。如果以全球的视野来看，企业发展模式一般应遵循从 OEM、ODM 到 OBM 的路径。市场竞争的激烈促使新兴市场中的企业必须最终是拥有自主知识产权的 OBM，成功的代工企业最后必将成为拥有独立产品设计能力（特别是拥有自主知识产权） 的 ODM 或 OBM。

2.2.3 制造业产业转型方式与设计战略的切入

一、“微笑曲线”分工模式

传统制造业的技术特征是利用机械化、电气化和自动化实现大规模生产和批量销售。传统制造业模式中的产业链分工与附加价值之间的关系通常用“微笑曲线”来描述。“微笑曲线”是宏碁集团创办人施振荣为“再造宏碁”提出的企业策略，它将产业链分为三个区间，即研发与设计、生产与制造、营销与服务，其中生产与制造环节处于产业链的最低端（图 2-18）。在“微笑曲线”分工模式下，企业通过规模化生产、流程化管理，提供低成本的标准化产品，获取竞争优势，企业的规模和实力发挥着决定性作用。

从“微笑曲线”可以看出，在产业链中，附加值更高的体现在研发与设计、营销与服务两端。就全球产业链来看，在国际分工体系中，尽管“中国制造”铺天盖地，但是“中国制造”大多数从事 OEM，位于“微笑曲线”中间的生产与制造环节，是附加值最低的环节，投入大量的劳动力，只获得了最少的利润。以 iPad 为例，产品上印

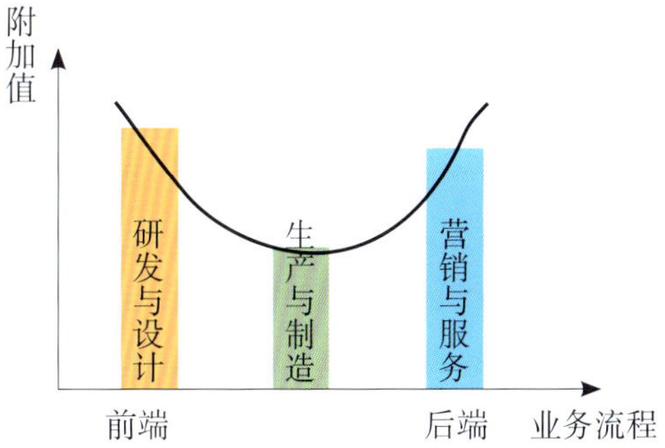

图 2-18 制造业产业链分工的“微笑曲线”

了这样一行英文：Designed by Apple in California Assembled in China，翻译过来就是“加利福尼亚苹果公司设计，中国组装”。在全球化的产业链分工下，中国的富士康企业负责 iPad 的组装，处于“微笑曲线”的最底层，利润获得最低。以每台售价 499 美元的 iPad 为例，成本为 219.35 美元，利润约为 279.65 美元，而富士康组装一部 iPad，仅获得 11.2 美元。(图 2–19)

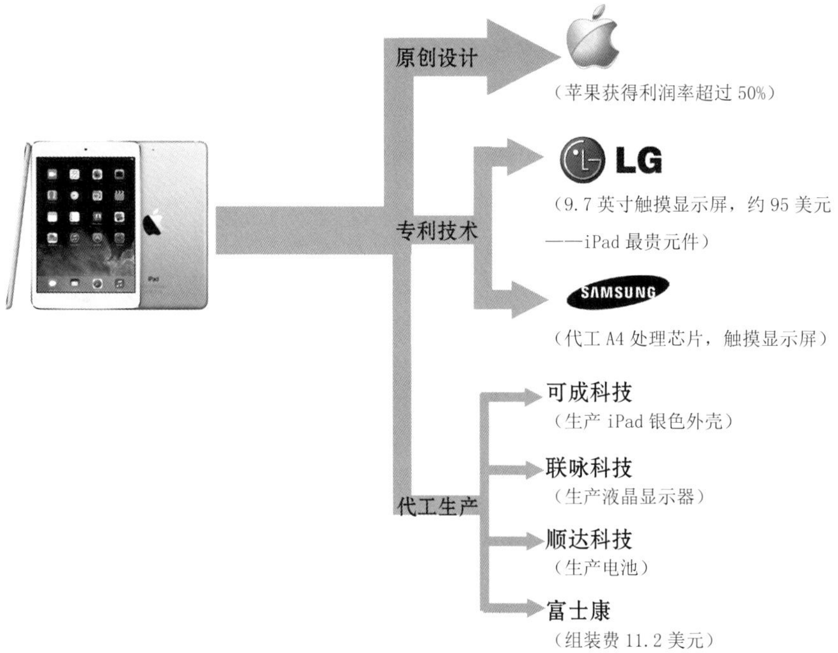

图 2-19 iPad 产品链示意图

根据 2010 年亚洲开发银行研究所（Asian Development Bank Institute）两位研究人员邢予青和尼尔德特尔特的调查研究，虽然苹果手机在中国制造，但实际完全由美国公司设计和拥有，多数元件在其他国家生产，只是组装在中国完成。生产一部苹果手机所需的 178.96 美元成本中，超过 60 美元流向日本，30 美元流向德国，23 美元流向韩国，中国所得仅 6.5 美元。日本、德国、韩国各自能从中获利 34%、17%、13%，而中国的富士康仅获利 3.6%，我国制造业自主创新能力不强导致附加值较低的状况由此可见，如图 2–20 所示。

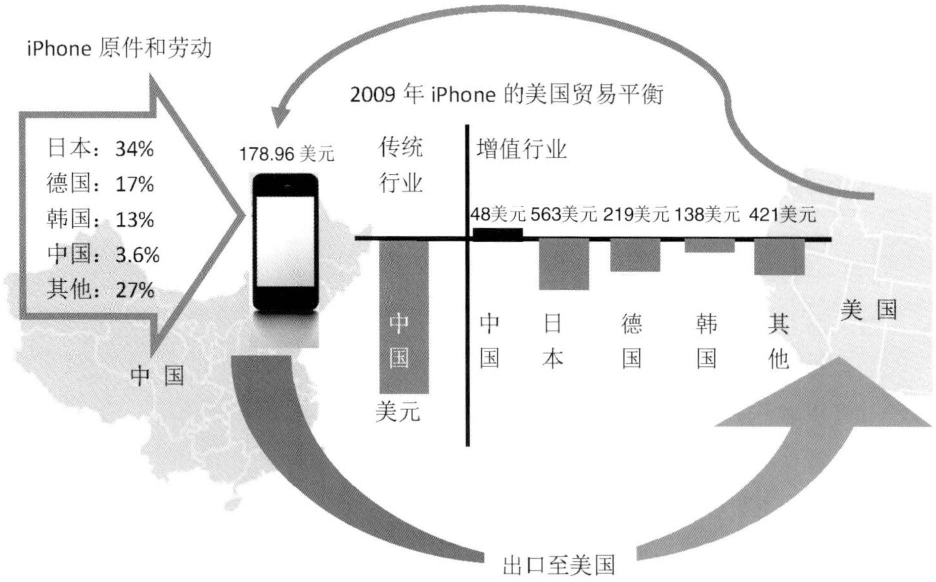

图 2-20 全球贸易下的产品价值示意图

以 OEM 模式为主导的国际分工体系中，OEM 发包方和承接方之间是以分割制造环节利润为主的合作性竞争。处于“微笑曲线”上相同区间的不同发展中国家和地区的 OEM 企业间竞争激烈，使企业将生产制造环节不断从劳动力成本升高的国家和地区向新形成相应生产能力且生产成本较低的国家和地区转移，这个国际产业转移过程一方面起到了优化配置全球生产资源的作用，另一方面也使 OEM 承接企业在交易谈判中处于劣势地位，无法掌握产品的定价权。激烈的市场竞争导致全球同类产品在物质功能上迅速同化，供应商之间在生产制造商的技术差异趋同，产品的物质功能已不能刺激消费者的购买欲望，借由研发、设计和营销服务提升产品的精神功能已成为企业提升市场竞争力的关键。这正是发达国家跨国公司将生产环节通过 OEM 模式向发展中国家转移而自身专注于设计和营销等核心业务环节的内在原因。

二、“微笑曲线”分工模式下工业设计的切入

为了提高利润率和国际竞争力，企业将从 OEM 向 ODM 和 OBM 转换升级，工业设计在这种转换过程中发挥着重要作用。在“微笑曲线”分工模式下，工业设计切入产业链的方式主要在曲线的两边，即附加价值高的研发与设计阶段和营销与服务阶段（图 2-21）。在这种模式下，工业设计对制造企业的作用主要表现在制造产品差异、创造产品附加值和沉淀企业品牌价值三个方面。OEM 通过工业设计，进行功能、造型、CMF 等的创新，塑造产品差异性，提升到 ODM。在此基础上进一步加强市场和用户调研，进行产品策划和基础研究，突出技术研发和产品形象一致性设计，并配合推广营销和品牌战略，最终转变为 OBM，实现 OEM 到 OBM，再到 OBM 的转型升级。从 OEM 到 OBM 的策略，是多个不同层级的转换，但不是所有的企业都要选择其中的一种策略。如长虹品牌在采用 OEM 策略的同时，但也保留了自己的原始设计。

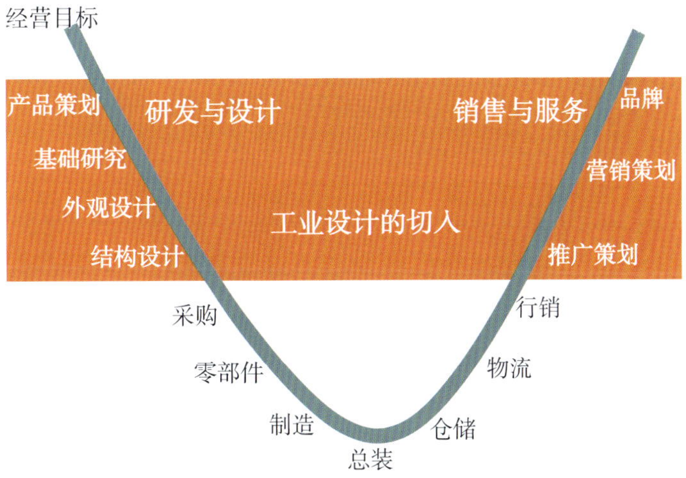

图 2-21 “微笑曲线”分工模式下工业设计的切入

2.2.4 “互联网 +”制造模式下的设计服务战略

一、“互联网 +”制造模式及其设计服务

在以信息物理融合系统为标志的网络和信息化制造技术的支持下，中国传统制造业的组织结构、商业模式和竞争范式正在进行变革。工厂逐渐走出大批量制造时代，工业软件将传统意义下的机械化、电气化、自动化等硬件制造转化为了具备数字化、智能化、网络化的软性制造，

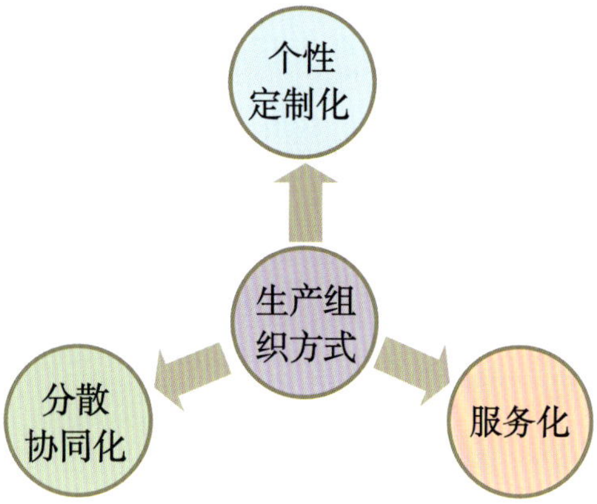

图 2-22 “互联网 +”背景下的生产组织方式

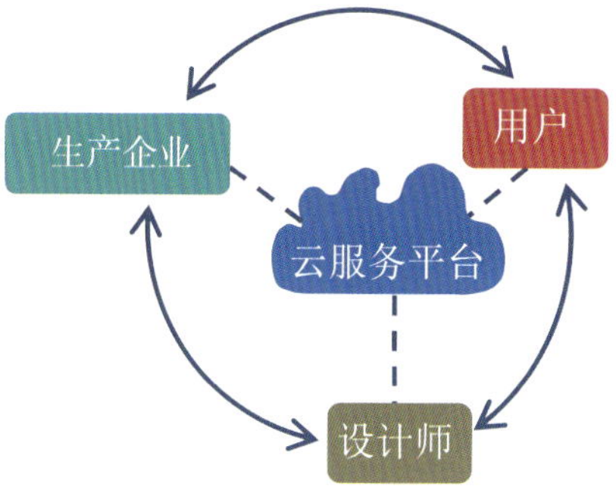

图 2-23 “互联网 + 制造”模式下工业设计的切入

生产组织由规模化、标准化制造向个性定制化、分散协同化和服务化的方向转变（图 2–22）。生产企业、用户、设计师及各利益方处于同一价值链中，创造价值、传递价值、分享价值，形成了新的价值创造和分享模式。用户得到了个性化产品和定制化服务，企业通过协同化设计和制造为用户定制的产品及服务，并获取相应利润。

制造方式和产业形态的变革必将促进工业设计的转型。依靠云服务平台，用户与设计师、用户与生产企业、设计师与生产企业可以实现低成本的实时链接（图 2–23）。设计师依靠云服务平台，通过线上线下模式与潜在用户进行充分沟通、实时互动和协同设计，全面了解用户需求，并参照历史成功的案例快速为用户提供个性化的解决方案。同时，成功的个性化解决方案将进入云服务平台的大数据系统，不断丰富系统中的解决方案。解决方案依靠云服务平台生成订单并自动分单后，通过生产企业的智能工厂进行分散协同生产，实现小批量的快速制造。生产企业依靠云服务平台组织物流、安装、售后服务，实时监控产品服务过程中的质量与需求，提供及时的维护服务，降低服务成本。用户依靠云服务平台，向设计师提出个性化需求的诉求，了解历史解决方案，选择新的设计方案，参与设计创新，实时追踪订单的生产、物流等。

二、“互联网 +”制造模式下设计服务的案例研究

“互联网 +”制造模式下，设计服务的研究和实施才刚刚起步，下面以尚品宅配的“维意定制”系统为例，分析“互联网 +”制造模式下厨房系统的设计服务方式。

整体厨房系统起源于 20 世纪 20 年代欧洲的法兰克福实验厨房，厨房集成了家具、厨房电器、设备用具、辅助性构件等产品。由于受空间环境、用户生活方式等多种个性化因素的影响，采用入户测量和定制产品是整体厨房设计的基本方式，但这种单件个性化设计和定制都会增加成本。在“互联网 +”制造模式下，构建厨房系统创新的设计服务，有助于通过数字化、分散协同化和服务化的制造模式，低成本快速满足用户个性化的需求。

1.“互联网 +”背景下厨房系统设计服务的功能目标

①支持线上线下多点接触的用户体验一致性需求。新的设计服务平台应该支持用户与设计师、生产企业之间进行线上线下多点接触和深度交流互动，支持设计从满足传统的产品形象一致性，到满足用户体验一致性的价值转向。

②支持面向全产业链的开放创新和商业生态方式。新的设计服务平台应该支持更多的用户和设计师参与研发设计、生产制造、物流、安装、售后服务等环节，为用户提供个性化的问题解决方案和服务。同时，采用外包等方式，支持制造业不断再生出更多的服务（如物流、安装、上下游产品等），为用户提供更加系统协同化的服务。

③支持设计知识的大数据管理与重用。新的设计服务平台应该在线实现对用户订单、需求信息、设计知识、解决方案、设计方案等的大数据管理，新的信息实时更新到大数据中，方便用户、设计师、生产企业的检索、分析和重用，支持设计师集大众智慧和历史数据实现快速、低成本的有效创新，也支持企业基于大数据进行新产品的开发决策。

2.“互联网 +”制造背景下厨房系统设计服务流程的构建

在尚品宅配的“维意定制”系统基础上，构建信息化制造和互联网商业模式下整体厨房系统创新的设计服务流程。设计服务流程以用户线上线下的接触点为节点，依据系统服务的流程构建。用户对尚品宅配的接触和体验以新居网（云服务平台）为起点，以使用产品为终点，开发设计和制造服务过程中的用户体验被分解为 14 个主要的接触点，即设计论坛、户型库、产品库、设计师作品库、门店体验、预约上门测量、设计沟通、标准化解决方案库、个性化设计方案、下单付款（签约）、分单生产、产品配送、安装、售后。其中，门店体验（含体验样板间、材料库）、实地测量、安装三个接触点是在线下完成的；设计沟通、选择设计方案、售后三个接触点是线上线下结合完成的；其他的接触点是在线上完成的。完整的线上线下融合的设计服务流程如图 2-24 所示。

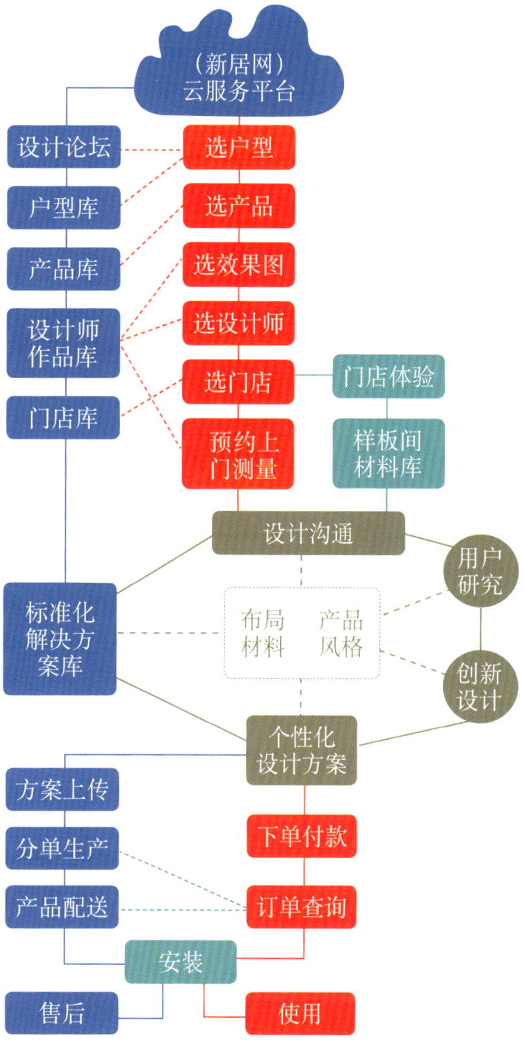

图 2-24 线上线下融合的设计服务流程

在每个接触点，都设计了服务和体验的内容以满足用户需求。从满足用户需求的方式来看，设计服务流程主要包括三个阶段。

第一阶段是从接触新居网到预约设计师之前。用户通过云服务平台可以认知厨房系统，自主进行 DIY 设计。这个阶段完成的主要任务有：

①上新居网了解定制厨房套餐方式，体验整体厨房的功能与美感，预约上门测量。

②通过新居网集成的户型库、产品库、设计师作品库和标准化解决方案库，用户可以根据自己的户型和喜好，随意组合产品、选择风格、体验自主个性化设计的乐趣。

③企业收集用户的在线体验和 DIY 设计数据信息，建立大数据系统，用于提供端对端的个性服务和产品开发创新战略的决策依据。

第二阶段从预约设计师到生成个性化设计方案。设计师通过线上线下与用户交流互动，充分挖掘用户需求，并结合标准化解决方案库和创新设计，为用户快速提供个性化解决方案。这个阶段完成的主要任务有：

①用户通过分析设计师作品库，就近选择自己喜欢的设计师，就近选择门店和样板间进行参观体验。

②设计师入户测量，并和用户沟通其生活需求。

③根据实地测量和用户需求，参照标准化解决方案库，进行用户研究和创新设计，为用户提供个性化整体厨房解决方案。

④设计师陪同用户到就近门店体验厨房实物、功能、使用方式和材料，确定设计方案，签订购买合同。

⑤企业收集新的用户需求、设计作品和解决方案，经过知识的规范化和标准化，加入云服务平台的大数据系统中。

第三阶段从下单付款到使用服务。订单生成并下达到不同工厂生产，进一步完成产品配送、安装和售后服务。这个阶段完成的主要任务有：

①用户可以在线追踪制造档案，了解制造进度。

②用户可以在线追踪物流，选择和定制安装服务。

③企业建立客户信息档案数据库，数据库信息可用于售后服务。

3. 厨房设计服务系统的生态化生长

新居网、户型库、产品库、标准化解决方案库、设计师作品库、多渠道服务等依靠的都是云服务平台，云服务平台整合了多方面的信息（如各个城市楼盘的厨房户型情况）、设计资料、原始概念、素材、用户需求、解决问题的知识和经验等。企业在为每位用户提供个性化定制服务的过程中，用户的新需求、用户与设计师协同设计提供的创新解决方案和作品等都会进入云服务系统，通过互联网的大数据设计知识的有效管理，这些设计知识能够被快速检索、分析和重用。随着系统中数据的持续生长，一方面，可以支持后续设计师进行智能化设计和快速创新，在成功设计案例库的基础上为用户快速提供个性化解决方案。另一方面，大数据系统为企业进行新产品开发和市场战略决策提供了可靠依据。

云服务平台除了支持 C2B 的设计方案开放式服务外，还支持 B2B 业务的前产业链整合运行。云服务平台是一个开放的创新服务系统，企业可与外部厨房附件、配件、电器制造商，物流、安装服务提供商，甚至厨房用品和食品供应商等进行合作，进而可不断整合合作伙伴的资源，通过掌握用户的信息资源为消费者提供端对端的整体服务。云服务平台的生态化生长模式如图 2–25 所示。

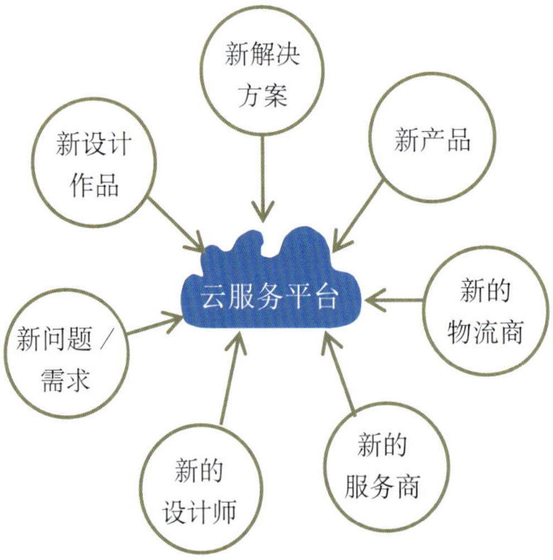

图 2-25 云服务平台的生态化生长模式

4. 结论

在“互联网 +”模式下，设计不再被局限于产品外形、结构、材料等具象的有限范畴，设计服务的思维已贯穿在以用户多接触体验为中心的研发、生产和商业服务的全流程中。厨房系统的创新设计模式从设计师个人经验为主的个人智慧解决方案，到基于云服务平台的集体智慧解决方案的选择。企业完成了从产品制造到服务设计，再到全产业链系统整合的转变。

在“互联网 +”模式下设计转型的价值有以下三点：

（1）“用户需求→设计→定制企业生产”的设计逻辑和“用户—设计师—制造企业”间的协同设计模式，既有助于满足用户线上线下多接触点的体验性需求，实现从 PI 到 UXI 的设计转型，又有助于解决一直困扰制造业的核心问题——产能过剩。如尚品宅配通过先下单后生产的方式，实现了零库存，消除了流动资金压力和跌价风险。

（2）在“互联网 +”模式下，基于标准化解决方案库实施智能化再创新，有助于设计师快速有效地为用户提供低成本个性化解决方案，提高设计、生产、管理效率，降低产品成本，形成核心竞争优势。如尚品宅配在实施“互联网 +”模式之后，日产量是之前的 11 倍、材料利用率从 85%提高到 90%以上、出错率从 30%下降到 3%以下、交货周期从 30 天缩短到 10 天左右、生产一个柜子在整个流程管理里的图纸从 13 张减少到 2 张。

（3）在“互联网 +”模式下，企业掌握了互联网时代的核心竞争要素，即不断增长的用户需求。既有助于实现大数据决策，提高企业可持续的开放式创新能力，又有助于通过开放式的产业生态链，整合其他产业资源。如尚品宅配通过大数据发现，中国厨房用户有 70% 以上是选择“L 型”的，选择“岛型”用户的不到 1%。

2.3 产品开发设计的流程与组织管理

2.3.1 产品开发设计的流程

产品开发的流程、周期和成本是企业产品开发设计成功的关键。产品开发设计的流程是设计人员在产品开发设计过程中遵循的基本工作程序。工业设计是团队合作实践性很强的活动，规范有效的设计流程是进行设计项目管理、提高设计效率、控制设计品质和取得预期设计成果的基本保证。因此，为保证设计目标的实现，对整个设计活动流程进行合理的规划和安排是十分必要的，世界著名企业和设计公司都将设计流程作为设计管理的基本内容。在规划设计流程的过程中应该符合两个基本原则：一是便于设计师有效地进行设计创新和高效地解决设计问题；二是便于设计管理和设计质量的控制。

工业设计的具体步骤因企业和产品项目不同而有所差异，每个行业企业的产品开发设计流程都不会完全一样，在很多情况下没有清晰的边界。但整体而言，都是基于类似的设计逻辑，都是一个提出问题、分析问题和解决问题的过程，包含从问题的明确到创造性地提出问题的整个过程，通用的流程界定有助于我们分析产品开发中的共性问题。基本的流程非常类似于“市场拉动”使用的流程：企业从具有市场机会的产品开发开始，再寻找可以满足市场需求的技术（也就是说，市场拉动了开发决策）；除此之外还有集中形式的基本型、技术推动型产品、平台型产品、工艺密集型产品和定制型产品、高风险产品、速建产品以及复杂系统的开发流程。不管是哪种产品开发

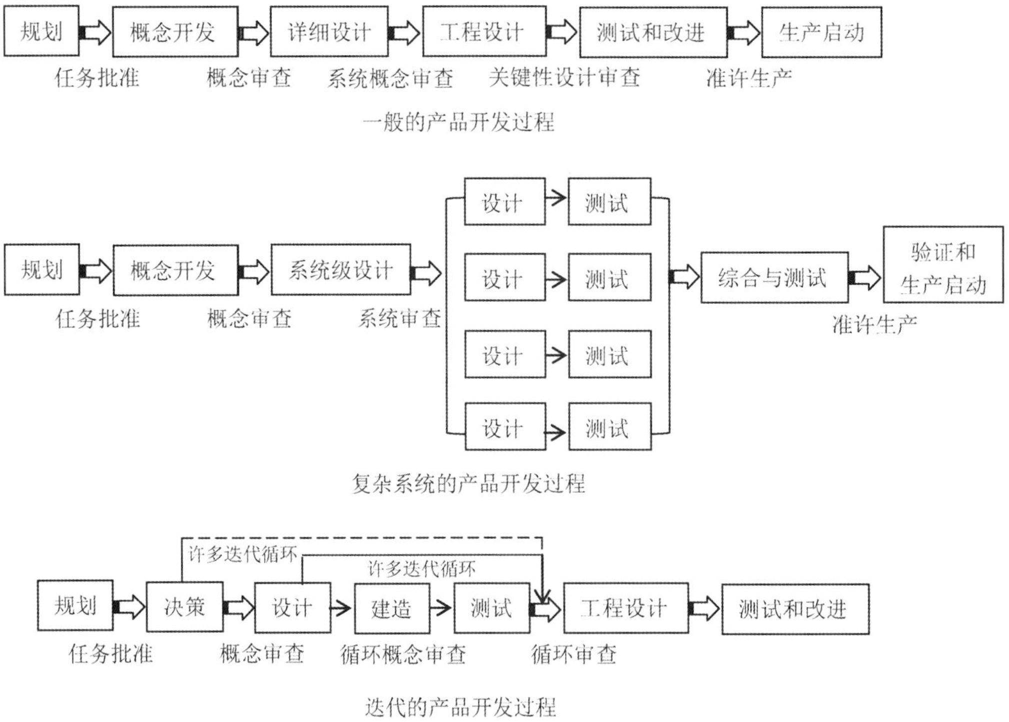

图 2-26 产品开发设计常见流程

设计流程都可以分成一般的产品开发过程、复杂系统的开发过程、迭代的产品开发过程。（图 2–26）

在产品开发方面没有经验的大多数入门企业对于开发一个新产品所花费的时间和金钱都会令人感到吃惊。事实上，很少有产品能在一年内被开发出来，许多产品开发都需要 3 ～ 5 年的时间，有的甚至会长达 10 年之久。产品开发的成本大致与项目团队中的人员数量和项目持续的时间成比例。除了开发活动的开支外，大部分企业还要对产品所需的工具和设备进行投资，这种花费通常占产品开发总预算的 50%。但是，有时企业会把产品开发过程中的开支视为产品固定成本的一部分。

从整体上看，设计流程是一个“产品概念→设计方案→测试评估→产品→商品”的系统过程，但随着技术手段和设计观念的转变，产品开发设计的组织和流程也在不断变化，

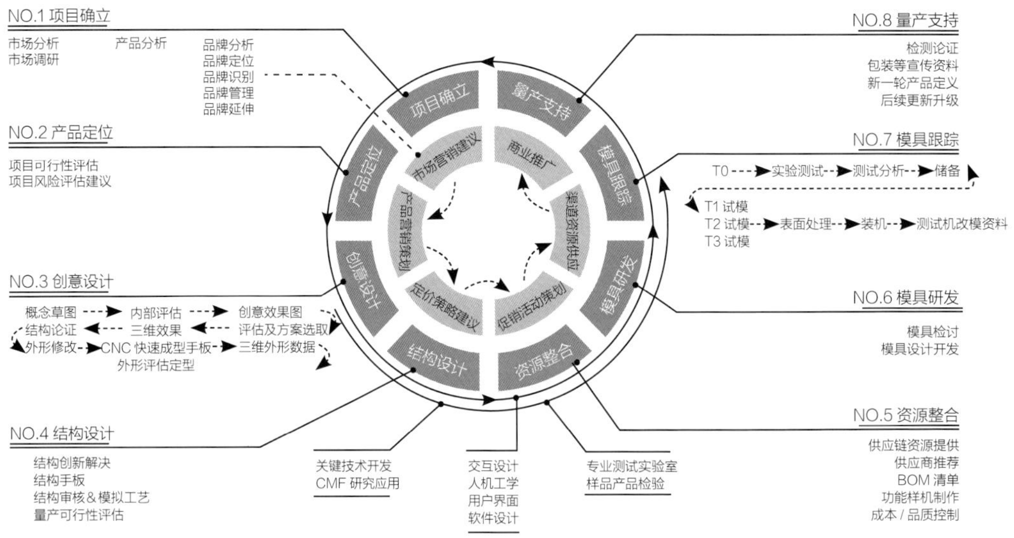

图 2-27 国内某工业设计公司产品开发设计服务流程示意图

多个部门协同并行设计也是当前设计活动的重要组织形式。在实际项目开发过程中，为了节约产品开发周期、成本和人力，企业往往会根据自身的条件制订切实可行的项目开发流程，图 2–27 即为国内某工业设计公司实际项目执行过程中的详细产品开发设计服务流程。

2.3.2 产品开发设计的任务

一切产品开发设计活动都是从设计任务开始。产品开发设计是一项专业性服务，它为了用户和制造商的共同利益，创造和发展具有优势功能、价值和外观的产品或系统的概念及规格。新产品的开发设计过程是企业战略和发展的关键环节，设计任务必须融入企业的整体发展规划和战略中，企业会因整体的发展战略和目标不同而拟定不同层面的设计任务。通常而言，产品开发设计涉及三个不同层面的任务：企业传达和品牌战略、新产品创新战略、已有产品改进设计和销售战略。企业可以根据自身战略需要和经费的投入，拟定不同层面的设计任务。

企业设计任务一般通过发布设计任务书（设计委托书或设计需求表）的方式提供给设计服务公司或设计师。设计任务书能使企业战略与规划具体化和可视化，在内容方面，既要涉及用户、市场、物质技术产品等方面的基本定位与约束，还要涉及企业的长期规划和整体品牌战略。一般的设计任务书应包含用户定位、市场定位、使用性能与环境要求、国家 / 行业标准（如三防）要求、产品销售模式、产品尺寸 / 重量要求、基本材质与工艺要求、技术性能与内部结构要求、零配件要求、主要市场竞争品牌 / 产品、风格定位、与企业已有产品或企业理念的要求、任务完成时间节点、项目完成时间、客户其他特殊要求等。如表 2–3 即是某企业在进行新产品开发设计前发布给设计服务机构的任务书。

表 2–3 某企业 CE200 产品开发设计任务书

一、产品描述	
产品名称	CE200 手持式穿墙雷达
产品功能	1. 提供墙后、建筑物内有无生命体及其位置等实时信息
	2. 可穿透混凝土、岩石、木材等物质组成的墙体
	3. 搜索救援——有效检测恶劣环境下被困或受伤人员
	4. 解救人质——快速确定绑匪或人质的具体位置
	5. 战术突击——提醒操作者存在潜在威胁
	6. 武力保护——创建一个“虚拟窗口”，发现外部逼近的威胁
	7. 区域监控——不分黑夜白天，监控范围广
	8. 边防安检——准确监察藏匿目标
产品组成模块及功能介绍（或图示）	产品本身有 3 个独立模块：2 个天线铝箱、2 个射频模块和 1 个处理板
	初步设计：两端布置天线铝箱、射频模块，中间是电池和处理板，如下图所示 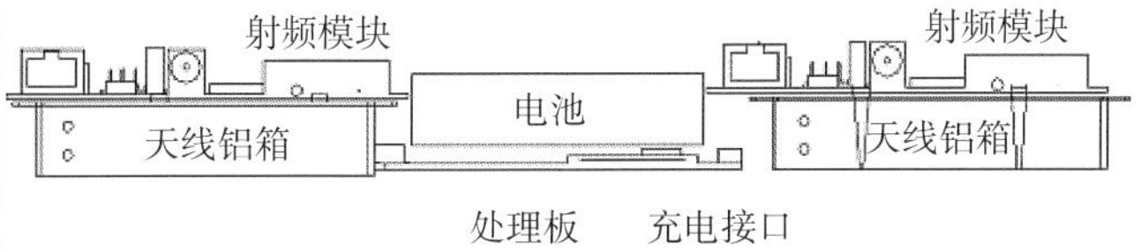 说明： 1. 射频模块上有发热器件需散热，提供射频模块 3d 模型 2. 两个铝箱完全一样，必须位于壳体两端，提供天线铝箱 3d 模型 3. 电池较重，约 200g，位置可按需变化

续表

描叙典型的使用过程	1. 启动：长按（5 s）机器面板上 power 按钮后进入系统
	2. 系统启动进入 LOGO 状态，LOGO 显示一段时间后，应用程序完全启动，用户短按扫描按钮开始程序运行，若再短按扫描按钮则暂停
	3. 关机：长按（5 s）机器面板上 power 按钮后关机
应用在哪些行业领域	1. 军事巷战
	2. 公安反恐
	3. 人员搜救
目标使用者，以何要素区别目标人群	1. 公安武警
	2. 消防员
	3. 边检员
目标使用者所关心的因素和问题	1. 产品质量要好，外观要美观
	2. 产品耐用、耐摔、耐磨
	3. 携带方便
使用环境	室（野）外救援现场
安装方式	手持贴墙，单手
接口	1. 电源插座，圆孔大小 3.5 mm
	2.Micro-USB 5pin
显示屏	3.5 寸屏（备注：后可改小为 2.5 寸）
重量	1.2 kg 以内
供电方式	内置大容量锂电池，并通过适配器对机器充电
指示灯（个数、定义）	无（备注：需要讨论确定）
按钮（个数、定义）	1 个，扫描按钮
开关	1 个，power 按钮
散热要求	自然散热及通过传导至壳体散热（备注：需要讨论确定）
其他	按钮优先选用防水型
二、设计要求（外观、结构、机构、标准等要求）	
性质	☑创新设计 □继承设计 □改良设计
风格	☑科技 □简约 ☑高档 □质感 □时尚 □庄重 □数码 ☑专业 □卡通 □民用 ☑军用
造型	无
尺寸	约 300 mm×90 mm×42 mm
颜色	暗色
工艺	注塑
丝印图文	有（公司 LOGO、产品名称、型号）
材料要求	底部是塑料且为平面
结构要求	结实耐用
指定限制	2 个天线铝箱外形尺寸不能变更
行业特定要求	解决好散热、三防达到 IP65 标准（GB 4208—2008）

续表

其他	相关宣传彩页、宣传光盘、包装方式
	机器不处于工作状态下应随身携带
三、产品认证、测试、检验标准	
应满足标准、规范等	IP65 测试要求
四、市场信息	
希望实现的目标	便携紧凑、全天全时段工作
与其他产品关联性或定位	CE100 手持式穿墙雷达 CE400 反恐穿墙雷达
与同行竞争产品的差异化	本土技术优势，双天线雷达技术
直接竞争对手 及其品牌、产品	1.Range-R 公司 L3 
	2.Time Domain 公司 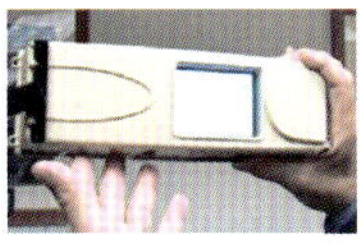

设计任务书既是设计项目流程的起点，也是设计项目进行中间过程管理和最终成果评价的依据。拟定条理清晰、目标明确的设计任务书，对设计项目流程的制订、项目团队的组织与高效执行、设计过程与节点的管理（比如多方参与的项目中期评审、客户对服务费的支付等），以及最终项目的验收等都具有重要意义。

2.3.3 产品开发设计的规划

一、产品规划

美国行销协会将产品规划定义为：适当的产品或劳务计划，适当的地点计划，适当的时机计划，适当的数量计划，适当的价格计划。产品开发的设计规划工作也称为“模糊前期”，即在确定被开发的产品进入实施计划之前所做的工作。其中包括对何种产品进行开发，在哪一项技术或市场方面与对手展开竞争以及相应的公司策略，还包括确定设计开发组成人员及负责人组成人员等。制订出合理的规划，从而使企业获得最大的利润、最小的风险以及维持长期的生存和竞争力。设计师必须遵循设计规划，而不仅仅基于经验和直觉，而是通过大量的试验纠错、修改和优化来开展设计。产品开发充满风险，迫切需要在最短的开发周期里用最少的投资成本开发出成功的高质量产品，这就需要对产品的开发做非常仔细的规划，好的产品开发能预测产品开发的周期和时间，节省开发成本。

新产品规划是一项系统工程，产品设计规划有助于克服产品设计工作中的随意性和复杂性，提高产品的设计质量，使产品的质量战略、成本战略和时间战略得以同时实现。在传统产品开发模式中，市场、设计、工程是相对独立的工作领域，产品开发以市场为核心，不重视技术、用户体验、人机工程、美学等方面的问题。这样的工作方式常常会造成设计人员和工程技术人员会根据自己的理解从自己的专业角度出发进行产品开发设计，这种理解往往偏离了市场人员原本对市场准则的理解，所推出的产品达不到预期的效果。因此，有必要在进行产品设计之前，对产品设计进行科学的规划，用规划指导实际的设计工作，确保设计出高质量的产品。就现代产品开发的过程而言，产品规划的前期需要输入包括市场环境、顾客需求、竞争分析、技术水平等多方面的信息，而经过规划过程后可以输出得到产品的概念和市场定位等信息，可见它是一个多输入、多输出的复杂系统。有效的新产品规划是新产品开发成功的首要步骤，它需要企业有快速且准确地了解顾客需求、掌握市场变化的能力，以及具备将顾客需求转换为产品技术需求并准确定位产品的科学操作手段。可见，顾客需求的获取与分析转化是产品规划的核心要点。

在产品规划的制订过程中，主要通过公司业务规划与技术支撑部门的协作，成立新产品规划设计小组完成各项工作并取得相应成果。在此过程中，业务规划部门主要负责收集内外部市场信息，分析研究本地市场需求发展趋势，同时进行初步市场需求分析和产品组合分析，结合企业年度经营计划和业务发展计划，形成年度新产品总体规划草案，规划总体新产品发展方向与目标，制订总体预算与初步的产品计划。技术支撑部门负责收集内部的网络、技术支撑等信息，结合技术发展趋势，寻找技术与业务的结合点。在此基础上，形成行业发展前景调研报告和新产品年度规划，以及年度行业技术发展趋势报告、本企业技术发展规划，供企业决策层评估，以便完成新产品年度开发总体规划审批。

不同公司的产品开发流程与顺序各有不同，但大同小异，一般认为：产品规划阶段为决定新产品开发方向的前端位置，对新产品开发的成败起着决定性的作用。在具体的产品开发设计规划中，面向产品全功能和全性能的 7D 设计规划是具有代表性的现代产品设计规划，即从产品的设计思想、设计环境、设计过程、设计目标、设计内容、设计方法及质量检验来对产品的设计过程进行总体规划。（图 2–28）

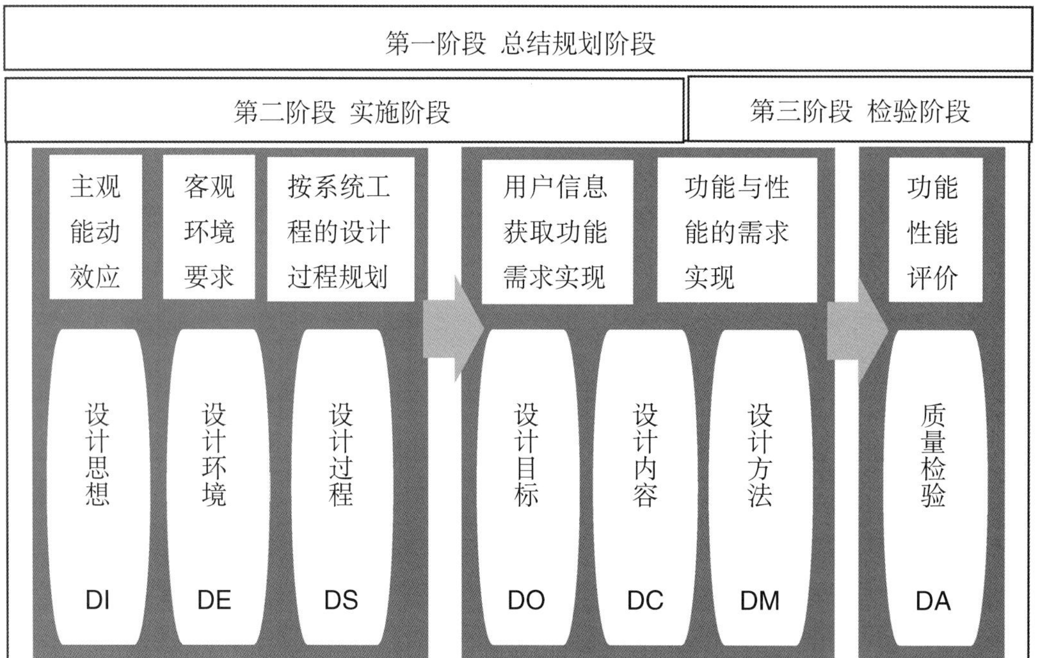

图 2-28 产品的 7D 设计规划

第一阶段是产品设计总体规划阶段，它包括从调查研究开始直至做好产品设计规划为止。

第二阶段是产品设计实施阶段，这个阶段的所有设计工作都应该在正确的设计思想、设计方法及考虑设计环境和设计资源的情况下来完成。它包括获取用户需求，确定产品设计目标（包括产品设计的关键技术、核心要素、主辅功能和主要性能，同时也可以把产品的设计思想、设计环境的一些要求融入产品设计目标之中）；确定产品方案（包括产品的结构、系统、参数），实现功能优化；确定产品及关键部件特性，对性能（包括结构性能、使用性能和制造性能）进行优化；完成工艺设计，对产品的工艺过程进行优化。

实施阶段又可分为两个子过程，前一过程主要包括设计思想、设计环境和设计过程。后一过程主要包括设计目标、设计内容和设计方法。

第三阶段是产品设计检验阶段，设计质量检验是产品设计工作的重要阶段，通过检验可以了解产品设计中的问题，将检验的结果反馈到产品开发设计中，对产品的设计内容进行修改。

二、设计定位与产品规格说明

设计定位作为产品开发战略的首要和关键要素，在整体考虑产品系统的基础上，可以基于产品生命周期的任一阶段或几个阶段具体展开。例如可以根据新材料、新技术的应用在生产制造和实用功能等方面对产品进行高科技战略；可以在销售分配阶段根据目标消费者的特点，通过运用一系列营销策略，激发消费者对产品潜在的购买欲望；可以在废弃产品的回收和再利用等方面进行绿色设计战略（如可拆卸设计、“3R”设计等）；可以根据消费者对产品使用方式的全方位人性化思考，为消费者提供舒适、健康和情感化的使用方式，在消费者心目中塑造独特的品牌形象。产品设计定位的目标对象可以基于购买者、使用者、企业的发展战略、社会的健康发展等，系统的产品设计定位是多种关系相互作用和融合的统一，但在多因素、多方位的设计定位目标中，产品及其服务是企业品牌的关键元素，用户与产品、服务之间的互动是品牌的核心，设计的最终落脚点是在用户，产品必须在使用过程中才能实现其功能意义，因此基于产品使用方式的设计定位是产品开发战略的核心。

设计目标的拟定是在分析设计问题的基础上对“问题”进行限定，提出相对清晰的设计目标——新的产品概念，对产品进行重新定义，描述出这个产品应该具备的属性特征和价值机会，对新产品进行明确的概念定位。对新产品概念进行定位和描述的方法很多，“5W2H”是通常采用的有效方法，即从产品的消费者／使用者、产品的使用情境、使用时间、产品的关键部位和拟解决的核心问题、产品的制造、操作使用及市场价格等方面对产品概念进行描述。从表 2–4 中可以看出，设计的目标具有多向性，整体表现为多方利益关系的协调，在产品的生产、流通、销售、使用和维护的过程中，涉及多方面的利益受众，这些都可能作为设计的目标。

表 2–4 基于“5W2H”的设计定位项目

项目	内涵
Who	消费者／使用者是谁？
Where	在什么场合（情境）下使用？
When	在什么时间使用？
What	产品的核心功能、造型风格等特征是什么？
Why	为什么设计？设计欲解决的最关键问题是什么？
How	如何制造、运输、使用和储藏等？
How much	产品的市场销售价格是多少？

2.3.4 产品开发设计的研究

在产品开发设计的前期，设计研究的内容主要有用户研究、市场研究和产品研究三个方面。

一、用户研究

多伦多大学的希瑟·弗雷泽针对商业创新提出了“设计的三大齿轮”说（图2–29）。第一齿轮，用户研究，以了解他们的所需和所想；第二齿轮，将第一齿轮所积累的各种观察结果作为商业创新的想法，绘制草图或制作模型；第三齿轮，重新设计企业系统和生产过程，使第一、第二齿轮能够高效运转，为企业的标准流程进行创新性改造。用户研究的首要目的是帮助企业定义产品的目标用户群，明确和细化产品概念，并通过对用户行为特性、心理特征和体验需求的研究，发现用户的真实需求，并作为产品设计的导向，使开发的产品更符合用户的习惯、经验和期待。对于新产品来说，用户研究一般用来明确用户需求点，帮助设计师选定产品的设计方向，也可以帮助企业进行品牌战略。对于已经发布的产品来说，用户研究一般用于发现产品问题，帮助设计师优化产品体验。

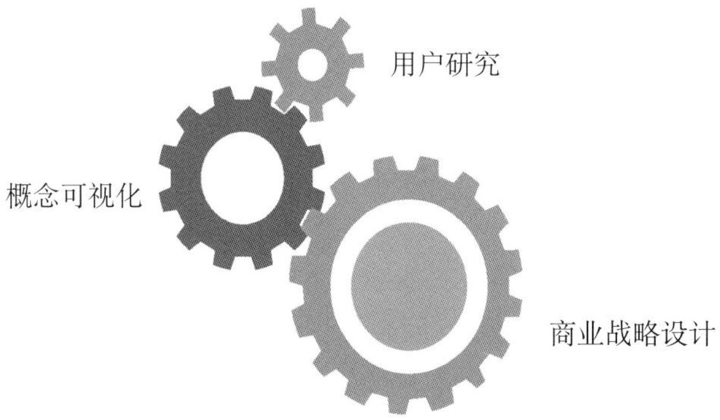

对用户研究通常采用的手段有用户行为情景观察与实验、用户访谈、用户问卷调查、用户参与设计等方式，通过与用户的沟通和研究分析，设计师可以识别用户的需求和偏好，了解用户的想法、意见和目标，更好地明确不同背景下用户的真实需求。在用户研究过程中，通常可以结合定性和定量两种手段来分析用户调查的数据，对用户的分析也主要集中在行为、态度和环境三个方面（图2–30）。用户研究能够让企业更好地理解人们是如何生活的，这样企业就可将资源运用在用户特别需要的产品和服务之中，从而为企业的产品开发和服务设计指明正确的方向。

在产品开发设计中，采用的用户研究方法通常有背景资料收集与分析、问卷调查、

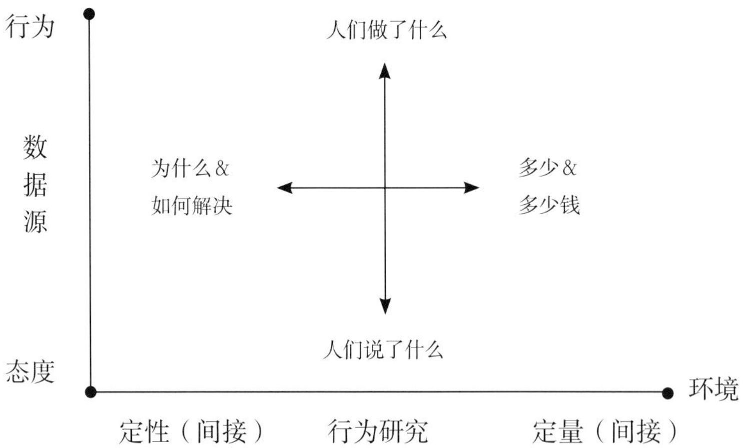

图2–30 用户研究领域与方法

实地调查、角色与情境分析、以物为媒介的用户知识获取法、基于产品架构的使用过程法。在具体的产品开发设计过程中，用户研究的各个步骤和方法相互联系、相互影响，往往会根据企业资源有选择性地综合开展。

1. 背景资料收集与分析

背景资料收集与分析为整个用户研究项目的开展提供了基础，使研究者在开始研究之前对研究对象有全面而客观的初步认识；在背景资料中寻找研究的契机和重心，提炼出后续研究的切入点和关键点；既为后期研究成果提供论据支持，又能弥补调查研究中可能出现的欠缺或不足。通过文献（如报纸、书籍、杂志、书信、日记、回忆录等）、视听媒体（如电视、广播、电影等）、新媒体（网站、博客、手机等）等不同渠道收集相关资料，运用内容分析、卡片分类、定性分析、链接分析等不同方法进行归类，提取舆论引导的关键词，进而分析设计发展的可能趋势。

2. 问卷调查

问卷调查是为了在大量人群中获取整体系统的信息，通过问卷对目标群体使用产品的特定活动和背景环境有一个总的了解，并进一步验证在背景资料分析中提取信息点。在用户背景资料收集与分析的基础上设计问卷，然后选择用户进行测试，在反馈、调整问卷后展开大规模调研。调研常用途径有个别发送法、邮寄填答法、集中填答法、当面访问法、电话访问法、网络访问法等。

3. 实地调查

实地调查从用户观察和用户访谈两个路径展开。研究者通过外部观察、参与观察、远距离观察、间接观察等方法来了解产品的使用过程、使用环境，以理解产品发挥作用的来龙去脉；用户通过图片、日记或影像故事自行记录他们在给定的环境中认为重要的事或物，包括他们所关注的活动、一天中的亮点或者他们喜爱的服装和颜色等。结合入户访谈、街头拦截、深度访谈、电话访谈、网络访谈或焦点小组等不同方式，通过语言途径了解用户如何看待、理解这些产品，并发现特定产品与其生活方式某一方面的行为之间的联系。将研究者视角和用户视角进行对比，可以发现一些鲜为人知的故事，特别是用户与设计师看待同一事物的不同感受。

4. 角色与情境分析

通过确定代表大多数用户的典型用户角色，明确用户的身份、地位、生活方式、价值观念、行为习惯、产品体验以及用户对产品的期望。用户情境是关于用户及其活动的故事，尤其是能够体现用户特性和产品特点的关键活动。需要强调的是，角色指向用户行为趋势，情境则指向产品使用环境信息；用户角色和用户情境最终体现的都是用户的需求和期望，可通过文字、图片、影像等多种形式表达。通过用户角色，设计师能够理解用户并站在用户的角度思考问题，把注意力集中在用户需求和用户目标上；通过用户情境，设计师可思考产品如何在情境中使用才能发挥最大的效能。用户角色和用户情境是设计研究的“翻译工具”，任何问题、建议和创意都可通过角色和情境得以展现。

5. 以物为媒介的用户知识获取法

以物为媒介的用户知识获取法制订了一套程序挖掘产品使用过程中用户与产品的关系，并运用物品来刺激用户以帮助他们描述使用经验或生活经历，从而寻找设计机会。其流程有确定研究目标和范围，观察和收集研究资料，任务等级分析，识别过程和目的物，用户选择与解释，目的物排序分析，寻找潜在用户知识，知识模式分析，用户模式定义。

6. 基于产品架构的使用过程法

基于产品架构的使用过程法将使用过程架构映射到产品架构上，使设计人员的想法与用户期望达到一致。UPPA 是一个迭代的过程 ：收集用户数据并开始构建使用过程结构；将使用过程分解为子任务；子任务中产生用户知识，被纳入使用过程模块中，完成使用过程的构建；用户功能是一个使用过程构建和产品构建的中介；创建附加功能完成功能结构；对功能分组，创建行为结构；行为组件按最终的物理产品形式进行分组。

UPPA 对任务过程进行了深入的解剖，试图从过程中探究用户知识构建产品架构，进而将用户知识转变为产品解决方案。

用户研究不仅对公司设计产品有帮助，而且可使产品的使用者受益，是两者互利的。对公司设计产品来说，用户研究可以节约宝贵的时间、节约开发成本和资源，并创造出更好、更成功的产品。对用户来说，用户研究使产品更加贴近他们的真实需求。通过对用户的研究，我们可以将用户需要的功能设计得更有用、易用，并能解决实际问题。

二、市场研究

市场研究是指为实现市场信息目的而进行研究的过程，包括将相应问题所需的信息具体化、设计信息收集的方法、管理并实施数据收集过程、分析研究结果、得出结论并确定其含义等。在产品销售的商业领域，市场研究主要研究组织（企业）与客户、公众三者关系的规律，是市场营销领域中的一个重要元素。它把消费者、客户、公众和营销者通过信息联系起来，这些信息的职能有识别、定义市场机会和可能出现的问题，制订、优化营销组合并评估其效果。因此，市场研究不仅是研究消费者及用户的心理和行为，而且是对市场营销活动的所有阶段加以研究，即对从生产者到消费者这个过程中的全部商业活动的资料和数据做系统的收集、记录、整理和分析，以了解商品的现实市场和潜在市场，其研究范围是所有的产品及服务。

市场研究的核心是了解市场对某种产品的需求情况，根据过去和现在来预测未来，即根据市场调查资料统计和分析研究来预测产品的需求量。其研究的主要内容是：首先正确地识别目标市场的需要和欲望；然后运用科学的方法，对各个细分市场进行分析评估，选择对企业最具吸引力并可有效占领的市场作为经营主体方向；最后决定适当的产品方向，为企业及其产品在目标市场上定位合适的角色和形象，为目标市场服务，以取得竞争的优势地位。

1. 市场研究的具体内容

（1）社会对产品的需要。包括主要销售地区分布产品的需要量、市场发展趋势等。

（2）用户的要求。包括商品流通的环节，产品应用的领域，用户接触、认知和购买产品的渠道与方式，哪些产品对用户最有吸引力和用户的购买能力如何等。

（3）市场的竞争能力。主要是对比分析自身与竞争产品 / 品牌（特别是行业标杆产品）在性能、价格、技术功能、供应链、销售渠道和服务等方面的优劣势。

（4）协作配套供应商的状况。主要是协作配套件的产量质量和价格等是否适应产品的技术、性能、成本要求。

（5）企业在设计、制造和销售等方面的适应能力。

2. 市场研究的方法

（1）定性营销研究。它是最常被使用的，简单来说就是从受访者的数字回答中去分析，不针对整个人口，也不会做大型的统计。常见的有焦点族群、深度访谈、专案进行等。

（2）定量营销研究。采用假说的形式，使用任意采样，并从样品数来推断结果，这种方法经常在人口普查、经济力调查等大型的研究中使用。常见的有大型问卷、咨询表系统等。

（3）观察性的技术。由研究员观察社会现象，并自行设定十字做法，就是水平式比较（通常是指时间性的比较）与垂直式比较（与同时间不同社会或不同现象比较）。常见的有产品使用分析、浏览器的 Cookie 分析等。

（4）实验性的技术。由研究员创造一个半人工的环境测试使用者，这个半人工的环境能够控制一些研究员想要对照的影响因子，例如购买实验室、试销会场等。

市场调查研究员经常都是综合采用以上四种方法，他们会先从第二手资料获得一些背景知识，然后进行目标消费族群访谈（定性研究设计）来探索更多的问题，最后会根据客户的具体要求进一步做大范围的调查（定量）。

三、产品研究

在产品开发设计的模糊前期，设计师需要认识和理解技术产品本身。开发设计中产品的技术创新通常有两种方式：一种是企业研发和拥有新的核心技术，这种技术需要通过产品实现商业化，产品开发是技术驱动型的。这种技术对设计师而言是新的、复杂的，是日常产品所不具备的，通常在一些高新技术产品中出现，其消费市场还是空白，需要通过设计和商业化来开拓市场。设计师需要深入理解这种新技术，并分析出产品设计基本的技术要求和规范，在此基础上才能进一步开展面向用户使用过程的设计。另一种是通用性常规产品的技术原理分析，这类产品往往在市场上已经存在了较长时间，技术、销售渠道、市场及用户群都比较成熟和稳定，产品的竞争激烈，如常见的电热水壶、家用热水器、家用电饭锅等日常生活类产品。对这类产品进行技术分析的目的是反思和改进传统产品的技术原理，在传统产品中引进新技术，重新规划和从源头上创新产品，避免产品的同质化，从技术原理和使用方式方面提高产品在市场中的核心竞争力。

针对高新技术，由于市场上尚且缺乏相关技术产品可供参考和研究，设计师需要与工程技术人员紧密结合，熟悉技术原理，规划产品设计方向。这类产品研究和分析的内容主要有产品的物理技术和性能要求、使用环境要求、使用过程分析等。以手持式穿墙雷达为例。（图 2-31）

在技术功能方面，手持式穿墙雷达的信号可穿透混凝土、岩石、木材等物质组成的墙体，提供建筑物内有无生命体及其位置等实时信息。在应用环境方面，手持式穿墙雷达一般应用于地震、火场救援、军事巷战现场。在这些使用环境中，往往伴随着烟雾、尘土、泥泞杂乱的地面、缺乏光亮的空间等恶劣环境。用户在这样复杂的环境下需要佩戴手套，为了保证产品的正常技术性能得以实现，屏幕显示的信息需要穿透烟雾；

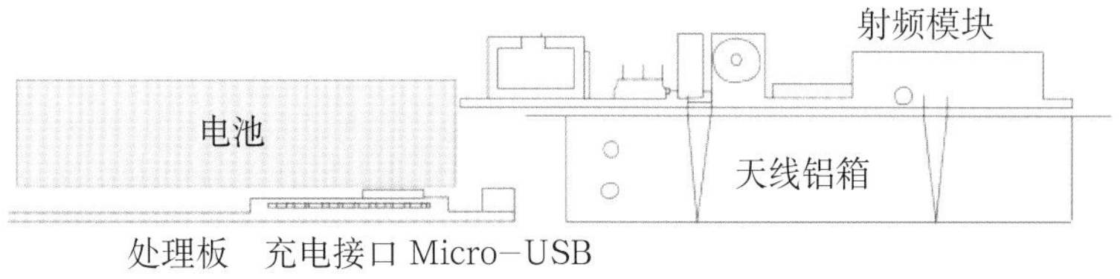

图 2-31 手持式穿墙雷达的内部结构示意图

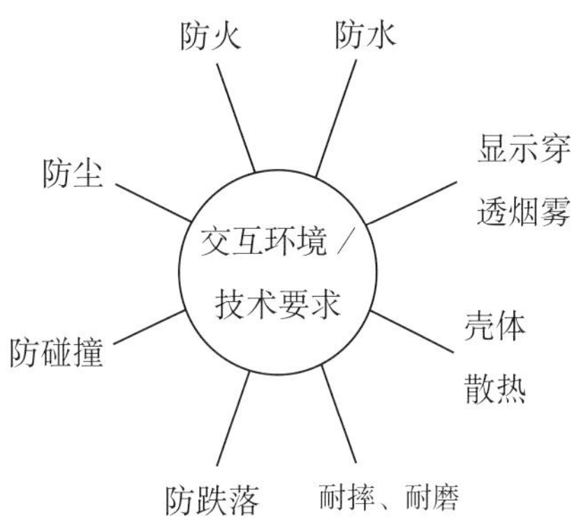

图 2-32 手持式穿墙雷达开发设计的环境需求

产品壳体要具备防尘、防火（耐高温）、防水功能，三防要求一般要达到 IP65 测试要求（GB 4208—2008）。为了避免产品在恶劣环境和紧急使用过程中丢失和损坏，产品设计需具备防滑、防跌落、防碰撞、耐摔和耐磨等要求，具体的产品开发设计的环境需求如图 2-32 所示。

产品的工作任务必须先确定好，物理技术性能和使用环境直接影响着工作任务。手持式穿墙雷达推荐的使用过程为：配戴手套→持握设备→长按（5s）power 按钮启动机器→短按扫描按钮运行程序→单手静态持握状态下长时（15 min 以上）观察屏幕信号→短按扫描按钮暂停→长按（5s）power 按钮关机→携带产品离开工作现场。

经模型测试和用户调研分析获知，在使用过程中，满足佩戴手套状态下按压按钮方便，手、腕部和手臂保持自然姿势持握及观察设备，非手持使用状态下携带方便等，是产品使用性设计的关键性需求。

针对通用性常规产品的技术原理分析，主要通过仔细研究已经存在的相关产品或系统（特别是标杆产品）的情况。产品研究的具体方法有以下六点：

（1）对现有市场上的典型产品进行拆解分析，掌握产品的核心技术、构造原理、功能实现方法和关键使用方式。

（2）用快速模型法概括出不同类型代表性产品的结构，绘制原理图纸，制作原型模拟研究具备的核心技术和结构原理，并进行原理实验。

（3）模拟制作能够实现功能的实验性结构样机，进行大量使用实验和性能测试，了解区域功能和性能影响因素，快速掌握模型制作方法，积累大量材料、人机尺度和工艺流程经验。

（4）提出改善核心性能的源点和产品原创设计目标。

（5）针对目标，进行原理设计，并通过结构优化设计与不断测试来逐步实现性能的提升和优化。

（6）申请专利，进行产品结构设计、造型设计和详细设计，完成产品开发。

2.3.5 产品开发设计的组织与管理

产品开发是一项综合性的活动，从企业的实际出发，选择产品开发的方向，规范产品开发的程序，提高决策的科学程度，是实现产品开发目标的重要保证。在产品开发设计的过程中，需要企业所有的职能参与进去，其中市场营销、设计和生产制造三项职能是产品开发项目的中心。市场营销职能调节着企业与顾客之间的相互作用，它常常帮助企业进行产品机会的识别、细分市场的界定和顾客需求的判断。营销还可以加强企业和顾客之间的交流、设定价格、关注产品的试销与促销等。设计职能在于它能产生最迎合顾客需求的产品实物形态。在这里，它包括工程设计（机械、电子、软件、结构等）和工业设计（美学、使用方式、材料、用户界面等）。生产制造是为了制造产品，生产制造职能首先要对设计和运作产品系统负责。广义的制造职能还包括采购、分配和安装等，这个系列活动通常被称为供应链。其他职能，如财务、销售、法律等，常常以辅助的形式在产品开发中体现。除了这些扩展职能范畴外，开发团队的组合还要依靠产品的特点而定。

在现实产品设计项目的开发中，很少有产品是由单个人开发出来的，通常把开发一个产品的所有个人的集合称为项目团队。一个严格的项目团队由来自不同功能的群体组成，每个群体集中于一个特殊产品（或产品线）的开发，都要向一个有经验的项目经理汇报，该项目经理可以从任何一个功能区中抽调。团队可以包括一个核心团队和一个扩展团队。为了有效地协调工作和提高效率，核心团队通常规模较小；而扩展团队往往涉及的人员较多，规模较大。在大多数情况下，企业内部的团队常常需要得到个人或合作公司、供应商和咨询公司的支持。例如，在一种新型飞机的开发中，组成外部团队的人员数量可能比组成公司内部团队的人员数量还要大，而出现在最终产品上的只有公司内部团队成员的名字。如图 2–33 所示的是一个产品开发设计团队的组成，该团队是为开发较复杂的某机电技术产品而成立的。

在项目团队里，设计师需要站在整个商业系统里来考虑设计，将设计和商业核心价值融合在整个商业链条中。在构思、调研、设计、制造、销售、广告策划、售后服务等众多环节，设计应处于先导位置，起统筹引领作用，帮助产品和服务取得商业成功。团队中的绩效评估由项目经理负责，团队成员的地理位置要相同，他们尽可能在同一办公室或建筑物的同一区域工作。新的“创业”公司就是项目组织的最佳例子：每个人，不考虑功能，都被一个单一的项目联系在一起，项目的成败直接对应于新企业的成长和新企业产品的创建。在这种情况下，公司总裁或 CEO 将被视为项目经理，他与所有成员一起专注于完成相对单一的开发项目。

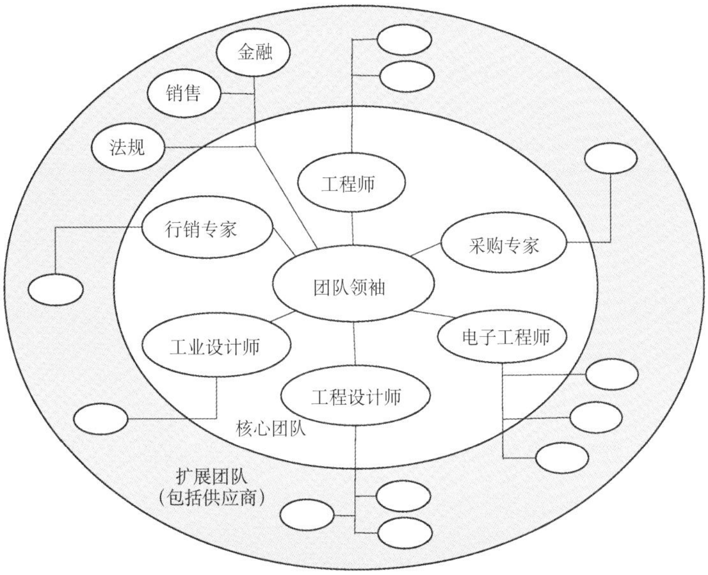

图 2–33 某机电技术产品开发设计团队的组成

第三章

产品开发设计策略的要点

3.1 产品开发设计策略的制订

3.1.1 产品开发设计策略的内涵

产品是把科学技术转化为生产力的物化形态并以此满足社会需要的创造性活动，产品开发则是新产品与已有产品整顿创新的总称。产品开发设计策略是为提升企业在生产制造过程中实现产品优化、提升产品本身的附加值和竞争力而制订的。产品开发设计策略的制订，是为企业对产品开发设计和未来市场研究等方面提供更广泛的生产技术支持，因此，要求设计人员的专业知识结构需包含各种设计专业、社会学、心理学、人类学、市场学、管理学等多学科理论。

产品开发设计策略是企业面对严峻的市场挑战和环境，为持续发展而针对市场开发进行的战略谋划。它体现了企业的总体战略思想和文化原则，是企业按照自己的宗旨、信念和经营方针而制订的本企业独特的产品设计方向以及产品设计的特定形象。同时，它还外延到企业的经营、计划、生产、销售和宣传的各项策略。从设计与设计策略的关系视角来看，设计策略是设计创新设计产品的指导性原则。设计策略形成因素分为两个阶段，即策略发展阶段和策略执行阶段。

3.1.2 产品开发设计策略的构成

产品开发设计策略作为指导企业设计行为的一系列准则，它应当回答两个基本问题：一是企业应当为市场开发和设计什么样的产品；二是怎样开发和设计。

一、产品开发设计策略的内容

1. 企业产品开发设计策略所要达到的目标和标准；

2. 通过设计决定企业同市场和用户的关系，它涉及企业的产品决策、产品识别、设计与营销的整合开发、通过设计获取竞争优势的战略选择等；

3. 建立策略与管理的一体化，将设计管理作为设计策略的实施手段，确立企业设计机制的管理规则和运行方式；

4. 通过对企业总体设计策略的制订，确立对具体项目的指导原则和规范。

清华大学美术学院教授蔡军认为，企业产品开发设计策略应该由市场策略、以消费者为中心、前景策略、企业形象与产品设计识别、整合性设计开发过程、设计管理和设计策略定位七个方面的内容构成。（图 3—1）

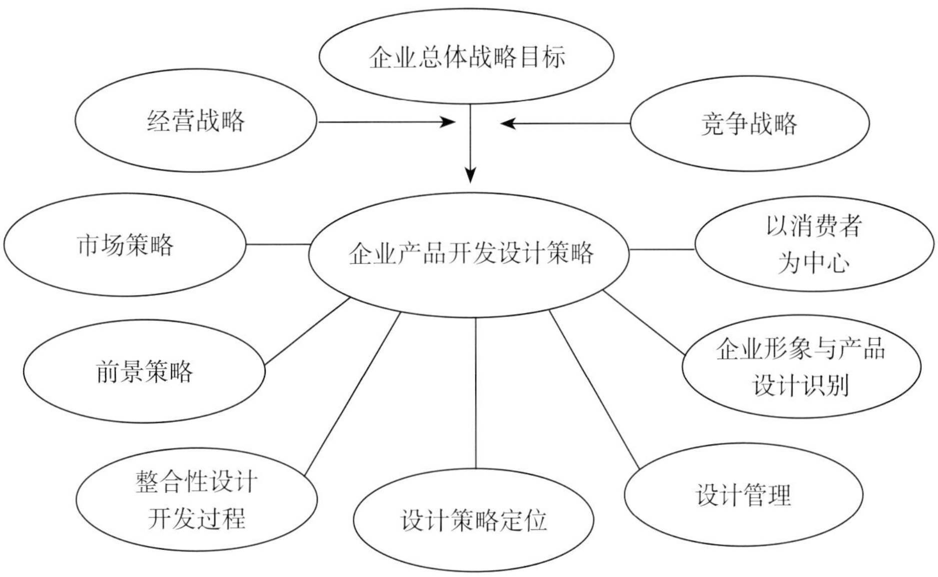

图 3-1 企业产品开发设计策略体系

二、产品开发设计策略划分的三个层次

从企业组织层面来看，产品开发设计策略可划分为三个层次：企业层、业务层和职能层。对企业的设计策略予以层次划分，有助于保持企业方向与设计策略的统一性，使企业资源的调动得到最大化。

1. 企业层。企业层的产品开发设计策略是企业最高管理层（如董事会）为整个企业确立产品开发设计的长期目标和发展方向。其主要任务是确定企业的设计产品组合，即决定企业活动中所涉及产品设计的业务范围与种类，合理安排各种产品设计活动在企业业务总量中所占的比例及与其他业务的相互关系、配合等。

2. 业务层。业务层的产品开发设计策略即由各业务管理中心（各事业部或分公司）根据企业层的设计策略决定设计项目，产品设计组合和各设计业务的地位发展方向，确定本业务层的具体设计方式和设计资源的使用重点。

3. 职能层。职能层的产品开发设计策略内容较为详细、具体。其作用在于使业务层设计策略或企业层设计策略的内容得以通过各职能的活动而具体落实，并实现与某些特定业务有关职能之间的协调。

3.1.3 产品开发设计策略的制订原则

在所有开发设计策略制订的过程中，明确设计方向和目标是关键因素，一旦设计方向和目标明确了，就确定了设计和公司发展的价值取向，就需要集中精力、系统规划，保持一致性的策略、步骤和手段来实现设计战略，为市场创造具有企业特征的产品。同时，为了设计能够适应快速变化的生活方式、技术进步和市场条件，设计策略还应该具有一种灵活的操作方式。

产品开发设计策略作为指导企业设计行为的中心思想，应该符合以下六个基本原则：

一是切实分析企业内外部因素，符合企业的实际资源能力，具有可操作性；

二是通过设计决定企业同市场和用户的关系，它涉及企业的产品决策、产品识别、设计与营销的整合开发，通过设计展示竞争优势的决策等；

三是企业产品开发设计策略要有清晰的目标；

四是产品开发设计策略与企业整体的发展策略融为一体，建立策略与管理的一体化，确立企业设计机制的管理规则和运行方式；

五是能够进行验证与评价；

六是产品开发设计策略能够根据市场的变化进行更新和扩展。

3.2 产品开发设计的价值策略

设计价值描述了产品开发的目标，代表了产品开发设计追求的方向和突破口，产品要在市场取得成功，必须有自身独特的、超越其竞争对手的价值，尤其是在物理技术性能同质化的情况下，产品的设计价值将成为市场竞争和战略的关键。

在当前的商业文化背景下，很多企业和设计师在策划设计价值时，将设计作为鼓励人们放纵购物欲望的工具，助长人们无节制地消费和挥霍，设计价值被过度商业化所异化，这些被社会所诟病的设计价值突出表现在以下四个方面：

一是产品功能的过度复杂。一种“功能强大”的产品，花费了巨大的精力和成本使自己在竞争中胜出，但缺乏足够的可用性，造成了大量创新的浪费和物质的浪费，过多的功能并没有实现使用的价值。

二是过分强调设计的商业价值。主张设计主要是企业传达信息的方式，而不是对物质产品自身特征的表达。过分鼓吹设计在宣传和销售中的作用，而忽视了设计的使用价值和对用户的作用。

三是产品造型与结构分离，设计沦为形式。一种功能性不强的产品，被设计师赋予稀奇古怪的、不实用的造型，形态完全失去了对产品或系统复杂性及其结构功能的表达，形态与技术完全分离，目的仅仅是为了“震撼购买者”。

四是产品的过度装饰。由于设计师个人的喜好或销售的商业目的，而对产品过度的装饰，造成产品的形式及审美混乱，外延与内涵过度分离，成本与资源的浪费。

异化的设计价值可能实现短期的商业利润，但难以支持企业长期的设计战略和实现企业可持续的价值。在第二章国际工业设计协会（ICSID）2006 年对设计的定义中，已经彰显了当前社会和商业领域所崇尚的设计价值方向。从国际工业设计协会对设计价值倡导的角度来看，产品开发设计追求的设计价值主要涉及环境价值、使用价值、市场价值、文化价值和美学价值。在产品开发设计中，对这些价值的追求往往是综合的，也是多元协调的。但在具体的新产品设计项目中，综合考虑多元价值协调的前提下，在同类产品中往往都会主张有自己突出的价值点和比较竞争优势。

3.2.1 环境价值与可持续设计策略

一、环境价值与可持续设计的内涵

环境污染、气候异常和资源短缺是当前全球面临的问题。1983年，挪威首相格罗·哈伦·布鲁德兰应联合国秘书长之邀，成立了一个由多国官员、科学家组成的委员会，对全球发展与环境问题进行了大跨度、大范围的研究，于1987年发表了报告《我们共同的未来》。报告中将可持续发展描述成满足当代人需要又不损害后代人需要的发展。1992年，联合国在巴西里约热内卢召开“环境与发展”全球首脑会议，提出了“21世纪议程”。该议程为经济和环境的可持续发展提供了一个具体的行动指南。可持续发展主要包括四个属性，即自然属性、社会属性、经济属性和科技属性。就自然属性而言，它是寻求一种最佳的生态系统以支持生态的完整性和人类愿望的实现，使人类的生存环境得以持续；就社会属性而言，它是在生存于不超过维持生态系统涵容能力的情况下，改善人类的生活质量（或品质）；就经济属性而言，它是在保持自然资源的质量和其所提供服务的前提下，使经济发展的利益最大化；就科技属性而言，它是转向更清洁、更有效的技术，尽可能减少能源和其他自然资源的消耗，建立极少产生废料、污染物的工艺和技术系统。

可持续设计是可持续发展思想和循环经济理论在产品设计领域里的反映，它不是某种具体的设计方法，而是一种全新的设计理念。可持续设计的思想包含并超越了传统的产品设计，代表了人类对传统产品设计的新思考。早在1968年，可持续设计的先驱维克多（Victor Papanek）在其专著《为真实世界而设计》（*Design for The Real World*）中就提出了设计师应合理利用有限的资源，为我们的世界提供理性的、负责任的设计的说法。

可持续设计的涵盖范围广泛，包括环境、社会、经济、科技等因素的和谐发展。可持续设计就是在生态哲学的指导下，将设计行为纳入“社会—经济—环境—人类”的系统中，既实现社会价值又保护自然价值，促进人与自然的共同繁荣，旨在平衡环境、经济和社会三方面的设计实践和设计管理。米兰理工学院的曼梓尼（Ezio Manzini）教授与香港理工大学梁町教授在他们的可持续研究课题中，给可持续设计下的定义是：“可持续设计是一种构建及开发可持续解决方案策略的设计活动。针对整个生产消费循环，利用系统式的产品与服务整合和企划，以效用和服务去取代物质产品为最终目的。” 相比传统产品设计而言，可持续设计的主要特点是以整体思维方式看待产品设计和生活方式的发展，产品设计的价值不再仅仅以人类为中心，而是采取生态价值观，以人类与自然在一个动态平衡的系统中相互作用的价值为目标。可持续设计是传统设计观念的演进与发展，强调在产品达到特定功能的前提下，材料、能源在制造、使用过程中消耗得越少越好，产品在使用过程中或使用后对环境污染越小越好。产品设计优良的标准不再是单一的经济性（利润），而是在关心产品的功能、性能、外观的同时，将环境、经济和社会的可持续性纳入产品的评价体系。

可持续设计与其设计对象（产品）息息相关。人类社会，甚至包括自然环境，都是构建在产品基础之上的，人的生命活动、生存和发展离不开产品。可持续发展的载体可以是物质的产品，也可以是非物质的产品。因此产品的定义不局限于具体形态的实物，赋予载体的软件、网络，提供的服务（如设计咨询解决方案等），运营维护的整个系统策略等都是产品，它们都是为消费需求而存在的。均衡考虑各类产品引发的经济、环境、道德和社会问题，以此来综合思考如何通过设计引导和满足消费需求，并维持需求的持续满足，是可持续设计应该思考的问题。

二、可持续设计的影响因素

可持续设计注重整体性（主要包括生态、经济、社会和技术）的持续协调发展，并以可持续消费和可持续行为为主导，以设计低耗产品服务系统和可持续消费模式为创新目标，以持续性设计行为为主要设计实践手段。因此，产品的可持续设计应在整个产品生命周期过程中，通过技术支持，系统考虑产品的环境影响、经济影响和社会影响，这三个影响构成了产品可持续设计的要素。（图 3–2）

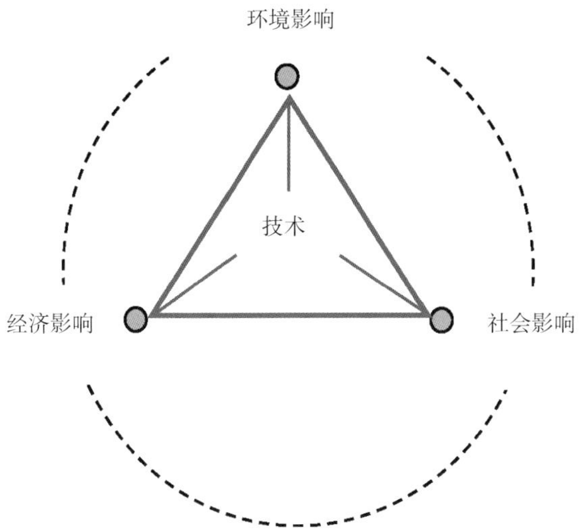

图 3-2 可持续设计的要素

1. 环境影响

环境影响是当前可持续设计关注的首要问题。设计既要满足当代人需要，又要不损害后代人需要。因此，减少环境污染，节约有限的自然资源，创建资源节约型和环境友好型社会，促进人、社会与自然的和谐发展，是当前可持续设计主要考虑的环境影响。

2. 经济影响

可持续设计为使用者提供的种种社会生活方式要以消费者的消费行为和消费心理为基础，可持续设计和商业性设计都强调本土化，但两者的实质并不相同。商业实践是出于“生活方式的差异（消费行为方式和消费心理）—新的设计（全球商业意识上的）”这一思考模式；而可持续设计则是出于“生活方式的差异—文化自主性”这一思考模式，可持续设计并不否认商业规则，仍然强调社会是与经济协调发展的，设计必须建立在社会公众经济生活和文化生活的契合关系上，因此可持续设计必须寻求经济和环保的方式来解决生活方式中的问题。

3. 社会影响

面向环境的设计主要是依靠科技创新来推动的生态效率化策略，而可持续设计应属于以社会创新牵引的自足式策略，在设计战略上更加有效，更能主动与社会公众的生活方式紧密相关。设计师的本职工作是创建产品和服务，这些产品和服务直接影响了社会和环境。设计对社会的影响有个人责任感、生活质量、健康、幸福感、快乐、民主参与、合作行为等。

三、可持续设计策略

从可持续设计的内涵和影响因素来看，在产品概念设计阶段，可持续设计策略主要有：应用绿色和可再生材料、能量转化、可持续行为与产品循环利用。

1. 应用绿色和可再生材料

从绿色材料考虑，通过对材料的生态化促进设计的可持续性。绿色的、低碳的材料不仅在生产、加工、使用和回收环节有利于环境保护，对人体和环境无毒无害，在失去使用价值后还能方便回收和重新利用，或可在自然条件下降解消化，绿色材料还有利于节能和资源再生。如慕尼黑设计师 Marilu Valente 采用了一种可回收的环保材料设计的洗发露和

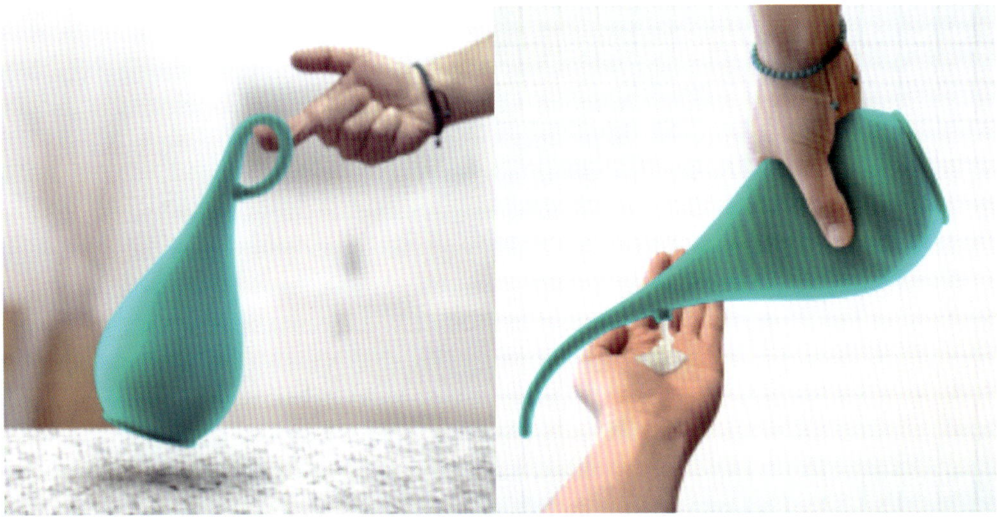

图 3-3 可循环使用的软性包装瓶

沐浴露包装瓶，这款包装完全摒弃了瓶盖，取而代之的是一个长长的“嘴”，侧面留有开口，使用洗发水时可从侧面倒出，用完后可将“嘴”插入开口中便可密封，形成的一个圆圈也方便携带。在理想情况下，这种包装能被多次利用：带着一个空瓶子到商店购买洗发水或沐浴露，而不需要新的包装瓶。（图 3—3）

2. 能量转化

在设计中，除了利用绿色和可再生的材料外，还可以创造性地利用能量的转化，将大量自然界中存在的清洁能源（比如太阳能、风能、热能、光能）或生活中即将消耗掉的能量转化为产品的工作能量，减少产品服务过程中对现有能源的消耗。产品为用户提供服务时的能量通常表现为热能（如保暖等）、光能（照明、信号提示等）、电能（通信、产品运行等）等方面；而自然界天然的清洁能源主要有太阳能、风能、声波能、水流的动能等；用户使用产品的日常生活过程中经常要消耗掉的能量是机械能和动能。因此，创新设计中的能量转换策略是将太阳能、风能、声波能、水流的动能和机械能等转化为热能、光能和电能等（图 3—4）。由于用户在使用过程中所能转化的能量十分有限，所以这些能量主要用于驱动产品的附加功能。

3. 可持续行为与产品循环利用

循环利用主要是从产品使用的可持续性角度来考虑的，即通过产品创新为用户创造可持续的消费和行为。在整个产品生命周期中，产品产生的环境和社会影响主要是在用户的使用过程中出现，是由用户的行为来决定的。影响用户行为的因素是变化的，尽管

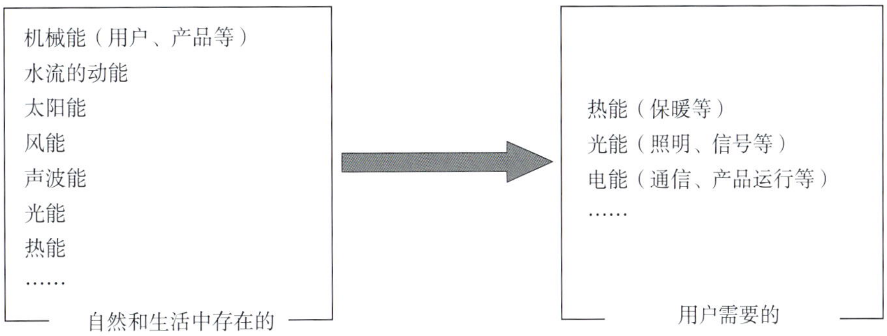

图 3-4 创新设计中能量转换示意图

过去数十年各种设计活动都在劝说用户要更高效地利用产品，但他们很少采用更加可持续的使用方式来对待产品，很大的原因就是产品在设计上缺乏可持续使用的特征。如果让用户以牺牲较大的使用价值、审美价值或经济价值来支持可持续的使用行为，这种消费行为和生活方式将会难以长时间维持，设计师应该通过设计创新，减少用户在可持续使用行为过程中的经济影响、可用性影响和其他价值的丢失。

产品的循环利用可以从两个角度来分析，一是消费后的产品有部分是有价值的，能够回收利用，即从产品在使用过程中价值转移的角度来思考，要充分利用消费后产品的剩余价值；二是产品的循环利用还可以从用户的变化来考虑产品的可持续使用情况。如在我国当前的家庭中，小孩在成长过程中使用过的大量玩具、衣物都还有使用价值，只是因为孩子长大了才不再使用，如何通过产品创新而使小孩在成长的过程中能够并愿意可持续地使用这些产品，是设计师需要思考的问题。比如图 3–5 的可调整式 2u 孕妇装就是从用户变化过程中的可持续使用行为来思考的。它能适合孕妇在不同怀孕阶段穿，还适合新妈妈和身体恢复后穿。其在结构上借用了扇子的基本原理，腹部周围由多个装饰折痕组成，折痕能根据衣着者的需要放松或收紧，而不需要再进行专业的裁剪或修改，为用户提供了简便、时尚的解决方案，能有效延长它的使用寿命，有利于用户的可持续使用。其做工简易，还可以做成其他样式，如运动服、瑜珈服、沙滩装、休闲装，甚至晚装等。

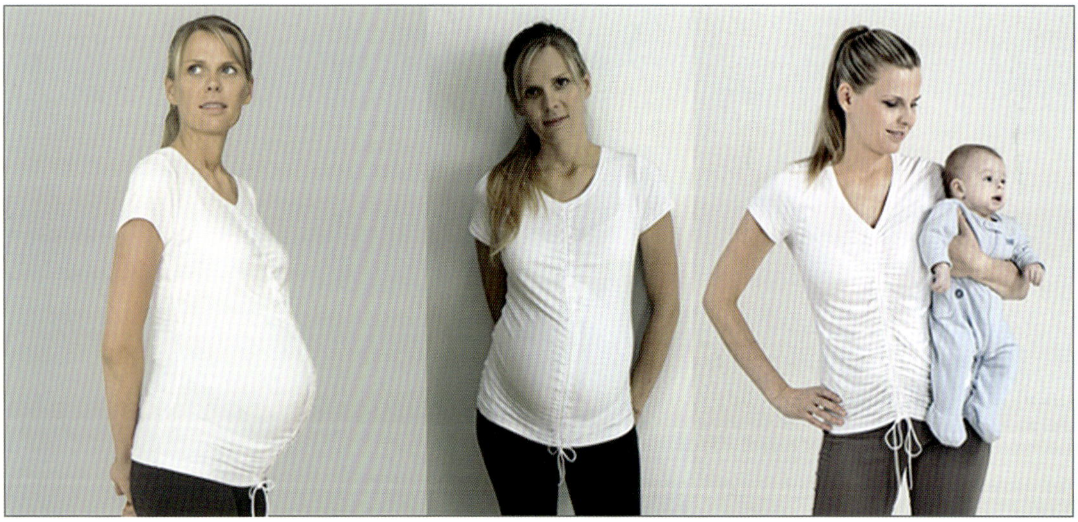

图 3–5 可调整式 2u 孕妇装

3.2.2 使用价值与行为 / 服务设计策略

一、使用价值

对产品实用功能的过度关注，往往会忽视产品的使用过程，即产品如何与用户发生联系并发挥作用。一件产品本身是如何工作的固然重要（它们有时对用户的操作使用具有很大影响），但用户往往更加关注他们是如何接触、认知、解读和操作产品的，这正是 20 世纪后期产品设计价值的转向。设计已经从技术驱动逐渐转向以用户为中心，设计的重要目标之一是改进或创造用户操作产品的行为方式，提高产品预期功能实现的概率和用户体验的满意度，使用户与产品之间的交互更好地接近理想状态。

相比以物质性的占有和消费为中心的设计，以用户的行为过程和操作体验为中心的设计才是一种更好的价值取向。用户如何与产品进行交互以及在交互过程中体现出价值，如功能实现的简便性、高效性、舒适性、娱乐性、情感性等是设计关注的焦点。理查德·布坎南将设计行为维度的价值描述成了三个具有层级性的概念：有用的、好用的、想用的。有用的描述了产品的实用功能；好用的描述了产品具有人性和文化的因素，其必须符合用户的人机工程学规律、认知习惯和生活方式；想用的描述了用户在情感价值和审美体验方面的个性化需求（图 3–6）。

设计价值关注的焦点从物质维度转向行为维度，用户与产品交互的过程成为设计创新和设计实现的关键。为了更好地描述产品使用过程中用户与产品之间的交互方式，产品语义学创始人、美国当代设计学者克里本多夫和巴特基于符号学理论，构建了图 3–7 的用户 – 产品交互模式。在该模式中，用户与产品的交互过程被描述成一个循环的系列步骤，即（……→用户操作产品→产品符号反馈→用户操作产品→……），产品所处的使用语境和用户特征约束影响着整个交互过程。在行为维度上，产品设计的主要目标就是优化交互过程中用户与产品之间的关系，提高用户与产品互动的质量，让用户在使用和体验产品时感觉轻松、舒适，并且能从中获得情感享受，比如令人满意、愉快，有趣，富有美感，让人有成就感等。交互质量往往体现在细微之处（如按下咖啡机按钮后的“滴答”声），虽然这一般不影响产品的技术功能，但对产品功能的有效实现及用户的心理感受非常重要。

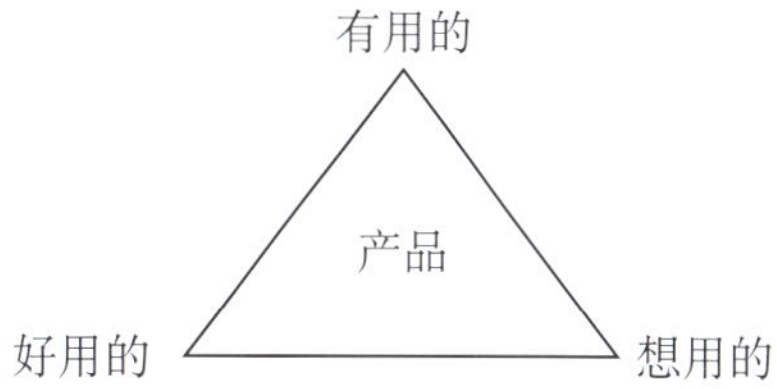

图 3-6 行为维度的价值

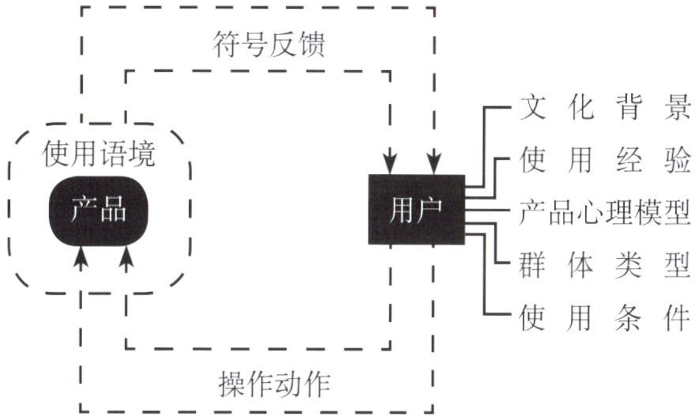

图 3-7 用户 – 产品交互模式

随着社会的不断进步，人类已经步入“体验经济”的时代，早期的商品经济模式已经不能满足人们的体验和情感需求，以服务为核心的体验式经济对社会的发展越来越重要，消费者和制造商都开始从新的角度来审视产品、技术和商品价值，关注和创新服务成为商业竞争的关键因素，服务设计正是在这种背景下为企业和设计师提供了一个新的产品开发思维。相对于传统产品设计，服务设计从关注设计产品本身扩展为关注用户、物品、过程、环境和服务体系等多方面的系统品质，所涉及的知识面更广，面向的用户群更大，需要的技术含量更高，因此也面临着更大的机遇和挑战。

二、行为设计策略

用户行为具有多样性、不确定性、过程性、情境依存性、动态性、多变性等特征。在聚焦于用户行为设计时，需要从使用情境、用户体验需求等多角度来进行创新。如图 3–8 的充电式夹 / 吸多用转角灯，考虑了用户在不同情境下使用的需求，设计中配有夹子、强力磁铁等，支持 360° 无死角照明设计，方便用户在汽修、户外野营、备用应急等情况下使用。灯具设计主要聚焦在不同情境中用户使用需要的五种行为操作方

图 3-8 充电式夹 / 吸多用转角灯 设计者：吴延

图 3-9 Lucano 室内梯

式，即手持式、灯头单独吸附式、便夹式、软管拉伸式和夹身吸附式。

图 3-9 的 Lucano 室内梯，是日本著名设计师村田智明自创品牌 METAPHY 的经典产品。梯子是人们在家居生活中高处取物或操作（如挂墙画、换灯泡等）不可缺少，使用频率很低，并且在家庭中不好摆放（或缺少空间或影响美观等）的产品。该产品正是针对用户在家居、店铺等对梯子的多样性需求而开发设计的。既方便用户手扶、脚踩等一系列操作行为，也方便收纳、摆放，还可以在生活中另做他用。

在产品开发设计中，为了使产品的技术功能更加人性化，提高产品或系统在使用过程中的质量，让先进的技术产品更容易被用户接受，提高用户的满意度，在设计过程中应遵循下列五个设计原则：

1. 示能性

示能性是用来描述一个行为者（一个人或者动物）和外界相互作用时的行为属性。在产品设计中，示能性定义了用户、产品和行为之间的三边关系，即产品具有一种潜质或特性，在不需要用户付出任何记忆、推理、联想和进一步解释的情况下就能支持用户的操作行为，用户能从物理性直接感知其使用方式。产品的物质属性能直接影响用户行为，设计师从关注用户心智转移到关注用户行为。复杂的设计对象要具备示能性，才是非常理想的状态，即看即用的“傻瓜式”操作，对工业设计提出了新的挑战和努力方向。

2. 限制性

限制性主要是通过物理结构、逻辑、语义和文化等方面的设计，使用户必须采取正确的交互行为才能使控制和功能生效，可有效地避免用户人为错误操作，可提高交互行为在使用情境下的易学性，能为用户创造一个安全可靠的使用环境。显然，示能性是让用户很容易感知到正确的使用方式，而限制性的思路则相反，当技术产品不能提供很好的示能性显示正确的操作时，可以尝试通过限制性设计减少用户的错误操作，从而进行正确操作。图 3-10 的“手拉手”椅子就是通过一条支腿简洁的盘旋结构设计，将多个椅子连接在一起满足城市环境或公共场合中对座椅固定位置的要求，同时也限制了用户将单个椅子移走的可能性。

图 3-10 “手拉手”椅子

3. 反馈

反馈和示能性有很大的关联，在用户操作的过程中，产品能通过各种感官途径（主要有视觉、听觉和触觉）反馈正确的信息，让用户知道某个操作是否已经完成以及操作所产生的结果，使用户与产品的交互可理解、高效化。例如，开启咖啡壶的按钮后，咖啡壶应该有一个“滴答”声或“红色的指示灯”来反馈给用户，告诉用户明确的信息：产品已开启工作；而工作完后，也有一个“滴答”声或“闪烁的指示灯”来提醒用户：咖啡已经煮好了。为了使用户与产品交互顺畅，产品在工作中都应给出明确的反馈信息，以免用户长时间处于紧张的等待中，例如人们出门后总是担心门是否锁好了，煤气是否关了等，因为在使用这些产品的过程中它们通常都没有给用户提供明确的信息反馈，才导致用户对其记忆不深。

4. 匹配

匹配主要指两个或多个事物之间的关系，在工业设计中主要指控制部件、控制操作及其所产生结果之间的逻辑关系。控制部件与操作结果之间应建立一种自然的、符合用户认知经验和逻辑习惯的匹配关系，这样才能使操作高效、少出错。例如，两个开关控制两盏灯，我们通常会认为左边的开关就应该控制左边的灯，右边的开关就应该控制右边的灯，如果两盏灯的排列方式与开关的排列方式相反，匹配关系就会被打乱，就会影响用户正确高效的操作。

5. 良好的生理尺度

良好的生理尺度是要求产品应该符合用户在生理尺度方面的要求，符合人机工程关系，让用户操作时舒适。为了满足用户的生理要求，在设计中除了形状要符合用户的生理结构特征（比如工作座椅的“S 形”靠背等）外，还要考虑到用户操作过程中省力、省距离、省空间、良好的光亮度（比如夜晚或角落里用的产品）等因素。

三、服务设计策略

服务正如产品，在我们的日常生活中无处不在。我们通常认为，服务是隶属于某个经济单元的人或产品状态，由于其他经济单元中个体活动而发生的改变。如使用手机通话、在 ATM 取钱、乘坐观光车旅行等，都是消费者或用户在接受服务。一般认为，产品提供服务平台，即服务是由服务提供方借助于产品平台在一定的过程中对客户提供的一系列有意义的活动。因此，服务被强调的是一个过程，它包含三个要素：服务提供方、客户（服务接受方）、产品（传递服务的实体）。

1. 服务设计的特点

（1）无形性。制造的产品是切实可以触摸到的，而服务则是无形的，能感觉到的只是服务的结果。它的产生可能与某种有形商品联系在一起，也可能毫无关系。

（2）时间性。服务是行动、过程和表象，是一系列的活动，从而形成的一个过程。

（3）不可存储性。服务通常是无形的、不可保存的。

（4）共同创造性。对服务来说，生产和消费过程往往是同时发生的，而对于制造产品来说则又是分离的。

（5）不确定性。服务的质量大多是品质性的，很少有量化的衡量尺度。正因为如此，服务中存在着很多的不确定性，其质量也很难控制，大多数情况下会取决于提供服务的个人。

服务设计主要研究将设计学的理论和方法系统性地运用到服务的创造、定义和规划中。一般认为，服务设计是产品设计的延伸和拓展，它是以物质产品为基础、以用户价值为中心、以全过程的服务为设计对象、以为用户提供高品质的服务为目标的系统设计。设计中除了需要关注产品的物质属性外，还要重点关注产品服务的情境性、满意度、有效性和高效性等因素。服务设计理论认为，服务是一串活动，这些活动组成一个过程，而这些过程、过程发生的情境、过程中的对象以及过程中的人在一起又组成了一个系统，服务设计就是设计的整个系统。同时，服务设计作为系统工程，不应该被孤立地看待，而应该同服务开发、管理、运营和营销结合起来，全面地考虑服务设计和服务管理。

2. 服务设计的具体表现

服务设计是对传统产品设计的拓展和延伸，它为我们的设计带来了新的观念和内涵。具体表现有以下三点：

（1）用户需求的转变——从产品需求到服务需求。现代设计都是需求导向的。从服务的角度来看，消费者日常购买产品的目的是使用产品相应的服务，而不是占有产品。例如，购买手机，是为了通信服务；购买汽车，是为了移动服务等。占有产品而不使用服务，是一种浪费；使用服务而不占有产品，是一种消费方式。例如，人们可以通过租借等方式和别人共享电动工具、汽车等带来的服务，而不是把它们购买回家，不一定要占有产品。

（2）设计对象的转变——从产品设计到服务设计。服务设计已经跳出了以产品为中心的设计理念，转向了以人为中心，它不但包括产品本身的设计，还包括产品提供服务过程的设计。消费者真正需要的不是产品，而是产品背后的服务，因此，设计师的本职工作是在设计“服务”。工业设计的内涵在经济模式转变的过程中，也从简单的单个产品设计过渡到综合的服务系统设计。从整体的角度、系统的高度审视设计的作用，既为用户创造了服务价值，又为企业创造了经济价值，还为社会创造了文化价值。

（3）在设计流程中，服务设计不仅存在于产品的研发和设计过程中，而且贯穿于整个消费过程。随着经济的发展，发达国家从工业经济转向服务经济，设计领域随之导入了服务设计。这些服务设计，不仅满足了用户需求，而且顺应了节约能源、保护环境、社会和谐的可持续发展。瑞典的电器生产商 Electronics 设计了社区公共清洁服务站，提供了自助式清洁服务和人工服务模式，还设立了儿童休息区、咖啡室、服饰信息交流中心等休闲空间，不仅让社区成员可在此空间沟通、娱乐、交流感情，将无聊的等待时间变成了愉快的社交时光，还让社区形成了良好的文化氛围。因此，服务设计的目标是构建整体的产品服务系统（Product Service Systems，简称 PPS），不仅要关注设计如何帮助商业获得成功，还要关注设计如何产生积极的社会效应。根据 Goedkoop 的观点，PPS 是结合在一起的一系列用于满足用户需求的市场化的产品和服务。从传统营销的角度来看，PPS 的概念来源于市场关注点的转移，即从关注产品的物质属性转向更加复杂的产品和服务支持的生产与消费；从服务营销的角度看，PPS 展现了传统标准化服务向个性化服务的转变；从产品管理的角度来看，PPS 是在商业活动中对传统产品服务价值要素的扩展，它促使了商业活动从传统的产品导向转向服务导向。

3. 服务设计策略的内容

由于服务概念的模糊性和不确定性，给服务设计的内容带来了复杂性。一般认为，服务设计的内容是多变的、丰富的，也是宏观的、抽象的、整体的、感性的，也可能是微观的、具体的、局部的、理性的。

服务设计是一个系统工程，就一项具体的服务设计任务而言，其内容可以归纳为四个方面：

（1）需求挖掘。即找到市场需要什么样的服务。

（2）用户定义。即明确为谁、为什么样的用户服务。

（3）流程规划与技术分析。即如何提供服务。

（4）载体设计。即为整个服务体系设计一个良性的载体，这个载体可能是一件好用的、吸引人的、有形的产品，也可能是一个易用的、友善的、无形的软件、界面或环境，还可能是两者的结合。

4. 服务设计策略的基本原则

Richard Chase 在进行了大量有关认知心理学、社会行为学的研究和服务设计实践后给出了服务设计的基本原则，主要包括：

（1）让顾客控制服务过程。研究表明，当顾客自己控制服务过程的时候，他们的抱怨会大大减少，比如自助式服务。

（2）分割愉快，整合不满。研究表明，如果将一段经历分割为几段，那么在人们印象中整个过程就要比实际时间显得更长。因此将顾客感到愉快的过程分割成不同的部分，而将顾客不满（例如等待等）的部分整合成单一的过程，这样有利于实现更高的服务质量。

（3）强有力的结束，这是行为学中一个普遍的结论。在服务过程中，相对于服务开始，服务结束时的表现往往决定了顾客的满意度。因此，在服务设计中，服务结束的内容和方式应当重点考虑。

不同消费者的服务需求决定了服务设计有着不同的侧重点，对服务设计的流程也有着不同的理解和看法。服务设计是一个系统的设计过程，主要是根据经营目标和自身资源特点对服务运作提出战略性的创意并进行规划设计，其核心内容为完整服务产品的创造和服务提供系统的管理，通过两者的有机组合来满足消费者的需求过程。如图 3-11 就是为了解决人们日常生活中在停车场停车时面临的“是否有空位？”“空车位在哪？”“车子停在哪？”三个问题而设计的管理服务系统。为用户规划的整个智能服务流程：{进站扫描二维码→手机显示停车场地图（地图中显示空位）→预定车位→停车自动计时；返程时，点击找车（系统自动匹配最近的路线）→扫描出站二维码（用网银结算停车费）}。

整个智能化的服务过程既方便了用户停车，为用户从判断停车场是否有空位到如何找到车离开停车场提供了全方位的服务和体验，也为服务方（停车场企业）减少了人力成本，也使停车场的管理更加人性化和智能化。

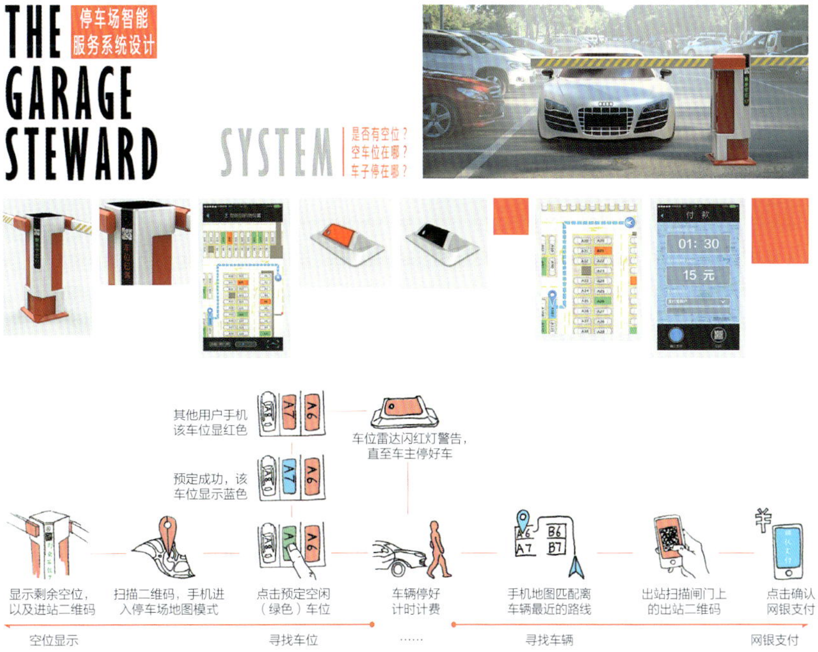

图 3-11 停车场智能服务系统设计　设计者：张映琪

3.2.3 文化价值与审美文化多样性设计策略

在当前全球化市场的背景下，工业设计的目的不仅要创造商业价值，还要肩负起支持文化多样性和传承优秀民族审美文化的职责，促进文化、审美与经济的同步发展。21 世纪是设计的时代，也是文化传播和交流的时代，更是一个生活审美化的时代。设计作为文化和审美的生活载体，要促进多元化的文化传播和文化创造，在引导消费潮流的同时，为消费者带来精神享受和情感上的愉悦。

一、造物文化的内涵与层次性

文化具有多层次结构。设计对象的文化结构一般被描述成三个层级：外显有形层、中间行为层和内隐无形层。在产品的设计过程中，可以从不同的文化层级开展设计，比如从文化的外显有形层出发，针对产品的物质形态，开展外观、形状、色彩纹理、图案等的感官层设计；从文化的中间行为层出发，针对产品的社会行为特征，开展产品功能、使用方式等的行为层设计；从文化的内隐无形层出发，针对产品对传达精神观念的要求，开展产品的情感、形象、象征意义和伦理道德观等的反思层设计。在现实的产品设计过程中，一般是综合处理文化的三个层次，但针对不同的产品和消费者，文化应用的侧重点应有所不同，即在设计的过程中要支持文化层次的多样性和多元化的要求，满足不同的消费市场和用户需求。

二、审美文化多样性设计策略

1. 彰显区域文化特色

文化本土化是当前全球化市场背景下工业设计发展和建立自身特色的重要方向。如何用全球化的思维方式来看待市场，用本土化的行为方式来实现设计，是当前促进区域文化和产业发展的重要方式，也是在当前多元化的国际市场中体现本土特色，传播本土文化，塑造区域文化形象，增强设计和文化产业竞争力的有效方式。

由于功能和形式的雷同，在全球化的市场中产品往往会失去其识别性，所以在产品的设计创新中体现本土特色是非常重要的。在产品中融入区域文化和审美特色作为产品独特的属性，既有利于在全球化市场中提高产品的识别性，又有利于实现个性化的消费体验。文化大多凝聚着各个民族的智慧和历史发展的精髓，与各个民族的传统、生活方式、审美情感和精神信仰密切相关。区域文化既包括能代表某个区域的个性和传统，又包括体现区域审美内涵和精神品质的人物、事物、特色造物、地理符号等，这些因素的综合构成了设计师和用户对于区域文化独特的识别要素。但是，独特和个性化的区域文化，有时又会给消费者和用户造成识别上的差异和隔膜，甚至是审美上的对立。为了满足广大消费者的需求，区域文化在设计中的应用应该注重三个方面：一是要以用户市场需求为导向，实现文化艺术资源向商品之间的转化；二是要通过现代设计技术，解决区域文化艺术符号和大批量机器化生产及模块化制造之间的矛盾；三是要注重在文化内涵和符号形式多样的文化创新设计过程中，不能背离消费者的宗教信仰和审美伦理。只有注意这三个方面，才能在批量化的产品中彰显区域文化特色，同时符合现在制造和商业模式，节约成本，创造出让消费者在经济、使用和审美等多个方面都能接受的产品。

图 3–12 从中国传统文化中对夫妻成对时“属相相生”的观念出发，以红瓷和掐丝金属为主要材料，采用十二生肖为造型题材，运用浪漫主义手法，借用具有湖湘文化特色的热烈线条风格，设计出的成双成对的婚庆胸花，既能烘托出婚礼热烈喜庆的氛围，又能彰显婚礼的个性。中国传统文化认为属相所代表的吉祥物对于人的一生具有巨大意义，佩戴自己属相的生肖吉祥物，具有圆满、吉祥、和谐的文化寓意。

图 3-12 十二生肖系列婚庆胸花

图 3-13 “爱 · 秀”iPad 保护套
设计者：渐康、黄薇

2. 传统文化与流行文化并重

在现代设计中，将传统文化与流行文化并重，既传承文化，又贴近生活，也是设计在市场导向下支持文化多样性发展的有效方式。文化具有自身的记忆机制，文化符号具有保存自己过去语境和信息的功能，历经多个世纪的文化不会褪色，不会失去包含于其中的信息。正因为如此，一些经典的文化艺术作品才能在不同的时代焕发出魅力，不同时代的文化之间才能够交流和融合。同时，文化符号不仅具有记忆和传承的特征，还具有创造性的特征，古老的传统文化符号在当前社会语境中，可能会获得新的意义，甚至成为一种流行的“时尚”。结合当前市场特点和消费观念，在设计中传承传统文化，并在新时代的文化语境中赋予传统文化新的精神和审美内涵，是当前设计在国际化市场中创建“古老时尚”的一种趋势。

图 3-13 的“爱 · 秀”iPad 保护套的设计就运用了传统的湘绣工艺，设计者将十二生肖与 iPad 相结合，实现了传统湖湘文化与国际高科技时尚消费品的跨界融合。产品在携带和闭合状态下，赋予消费者传统文化气息；在打开使用状态下，赋予使用者高科技感。一开一合，实现了地方传统文化与国际现代科技、属相文化识别与品牌价值识别等多元文化的跨界融合，激发了强烈的情感转换。此产品适合作为文化旅游产品，其不仅支持了湘绣的产业文化发展，还提升了湖湘文化的国际影响力。

在当今市场经济条件下的激烈竞争中，随着技术和市场营销越来越透明化，审美文化因素在新产品设计中占有相当重要的地位。消费者希望自己买到更美的、更具有文化内涵的产品，设计者也愿意赋予作品更多的美和文化。美和文化并不是孤立的，它受消费者的使用方式、人们的审美意识、社会文化背景、科学技术水平等方面的制约。因此，支持美和文化的多样化，并不是简单地支持设计者个人的主观审美和文化品位，也不是简单地依靠过多的装饰来实现，而是在成本、技术、资源、消费者情感等多重约束下，通过新颖而简洁的多元化方式来设计日常生活用品，特别是工业大批量生产的日用产品的审美内涵和文化品位。

3.2.4 市场价值与多利益协调设计策略

从某种意义上说，产品设计不仅是一种艺术性或技术性的活动，还是一种经济活动和产业活动，是一个集社会、技术、经济和资源于一体的复杂命题，它涉及消费者、制造商、OEM、中间运营商、文化、伦理道德、自然资源和环境等多个方面。开发设计处于制造业产业链最前端，因此必须考虑产业链中不同主体之间的利益关系。在整个产业链中，设计涉及的利益关系非常复杂，主要包括研发、生产制造、零配件供应、中间运营、销售、使用、回收等各个阶段和环节。有效协调不同主体之间的利益关系，创造和平衡最终用户、制造商、中间环节和市场经营者的利益，是设计伦理所要解决的基本问题之一。

尽管强调设计要以用户为中心，但用户仅仅是产品设计中要考虑的多种因素之一，设计的效果是由不同的利益方共同完成的，没有哪一方不重要。因此，设计最终是不能实现通常意义上的最优的，即使是多目标优化，也只能实现非意愿决策，即不能够完全满足各利益方的要求。实质上，设计是一个对表面相互冲突的各种要求（如经济利益、用户满意度、技术进步、环境友好等）进行协调的过程，是一门充满挑战性的工作，设计的结果是多利益协调的结果，只有实现各方利益的平衡，才可能是一个成功的设计，产品也才真正会是为广大用户服务的优秀产品。不同的利益方会有不同的意愿，但是经过对话理解了其他利益方的视角和意愿后，往往会改变自己的视角和意愿（含对自己利益的重新认识）并与其他利益方形成共识。这种形成共识与冲突消解、解决问题有本质上的不同，它被称为“协调”。能否有效协调各方的利益关系、实现利益公平和产业链的高度融合，是产品设计活动的一个重要评价标准，也是产品设计利益伦理所要解决的核心议题，从某种意义上讲，产品设计的任务之一是协调和处理不同工种之间的矛盾与利益关系。

传统设计理论和方法的研究常常只注意设计的某些利益方，比如用户的易用性等。但在现实市场背景中，特别是在经济全球化的条件下，竞争性是产品最突出的特点，如果不能在竞争中取胜，仅仅在物理上或技术上成立的设计是没有意义的。所有成功的设计，都是在审美、可靠性、安全性、易用性、成本、性能和环保等各因素之间寻求平衡与和谐的，因此设计绝对不可能是单纯的技术或审美问题，而是技术问题、社会问题、经济问题和环保问题交织在一起并相互耦合的过程。协调各方利益和创造性地综合处理复杂的系统问题，正是设计的价值所在。但在具体的设计实践中，设计者通常对各利益方的投入程度不完全相同，往往将设计问题中的主要矛盾（即主要利益方）作为设计的目标，其他相关的次要问题（即次要利益方）作为设计的约束条件，即对解决设计主要矛盾具有一定的制约性。例如，当把可用性作为系统设计的目标时，价格、制造工艺和环境相容性因素等会以约束条件的形式出现在设计中。因此，根据设计问题中的主要矛盾和主要设计目标，设计将会有针对性地采取不同的设计策略，不同利益方驱动不同的设计目标，即“Design for X”，这里的“X”就是主要设计目标。由于产品既具有空间属性（即对象属性，如造型、结构、功能、使用情境等），又具有时间属性（如制造、运输、销售、使用、回收等），因此，设计策略可以分为面向对象的设计、面向过程的设计和复合设计三类（表 3-1）。

表 3-1 Design for X

类别	表现形式
面向对象的设计	面向造型（色彩、材质）的设计 面向功能的设计 面向结构的设计 面向用户（人机关系）的设计 面向使用情境的设计 ……

续表

类别	表现形式
面向过程的设计	面向制造的设计 面向运输的设计 面向拆卸（回收）的设计 面向使用方式的设计 ……
复合设计	面向制造的产品造型设计 面向拆卸的产品结构设计 面向移动携带的产品造型（结构）设计 ……

3.3 产品开发设计的品牌竞争策略

每个企业都希望自己的产品有竞争力，竞争力的根本来自于创新和自己独特的品牌价值，每个企业自身的实力或者产品定位不同，产品采取的策略也各不相同。

3.3.1 产品识别一致性设计策略

一、产品识别设计的内涵

产品识别（Product Identity，简称 PI）设计起源于 20 世纪 50 年代德国乌尔姆造型学院提出的系统设计，在 20 世纪 70 年代由德国设计师在企业中推广应用，其最典型的成果就是奔驰、宝马汽车，布劳恩电器等世界驰名品牌。

产品识别设计是为实现企业的总体识别目标的细化，是以产品设计为核心而展开的系统识别设计。产品是作为载体的，产品的功能、结构、形态、色彩、材质、人机界面以及依附在产品上的标志、图形、文字等能客观、准确地传达企业精神及理念。对产品的原理、功能、结构、构造、技术性能、材料、造型、加工工艺、生产设备、包装、装潢等要素，以及研发、设计、生产、运输、展示、营销、推广、销售等过程进行统一策划，形成统一的识别，使产品的内在品质、外在视觉与社会形象达到统一和规范。围绕着人们对产品的需求，更大限度地使消费者个体与社会的需求获得普遍的认同感，以起到提升、塑造和传播企业价值与识别的作用，使企业在经营信誉、品牌意识、经营谋略、销售服务、员工素质、企业文化等诸多方面体现企业的个性，强化企业的整体素质，造就品牌效应，有利于在激烈的市场竞争中赢利。

从产品开发设计的角度来看，产品识别设计就是将企业的所有产品按照统一的、基于企业文化的内涵理念，且风格统一的、原则加以系统设计，在产品上设计出属于企业自身文化的特征，通过可识别性元素来获得消费者及公众对其品牌

图 3-14 Boduo 数字化系列饮料容器包装设计 设计者：吴延 姚严拯

和价值的认同。图 3-14 的 Boduo 数字化系列饮料容器包装设计，是基于 Boduo 企业的文化背景，系列包装在造型上统一采用具有文化象征的“书脊”形态，并通过数字差异、水果差异和瓶身高度差异来区分饮料类别，以在企业文化和视觉形象方面达到识别的统一性效果。

通常认为，产品的识别由产品的“外在秩序”和产品的“内在秩序”两部分组成：产品的“外在秩序”是可见的、表征的；而产品的“内在秩序”则是本质的、不可见的。就产品而言，人们通过感官系统如视觉、触觉、味觉等可以感受到的部分都可以称之为“外在秩序”，视觉对“外在秩序”的传达是最快的，因此，识别的概念往往又是指视觉识别。人们通过视觉所观察到的是产品的形态、色彩、材质、人机界面等，以及依附在产品上非功能性的内容，如企业的标志、图形和包装、广告、产品说明书、产品售后服务卡等。“内在秩序”是指产品的功能、性能、加工工艺、技术水平等，文化、精神等是视觉无法辨认的，要通过操作、使用、体验后才能感受到。企业产品识别是“外在秩序”与“内在秩序”的统一而形成的总体产品印象，与大量的、隐藏的产品技术层面的工作，如产品设计、生产、管理等，以及设计水平、生产水平、技术水平、设备水平、制造水平、管理水平等密切相关。具体而言，消费者对产品的识别主要涉及：产品或企业在人们心目中印象的总和；产品在消费者心目中形成的特殊地位；用户从功能和情感上获得稳定特征的体现。

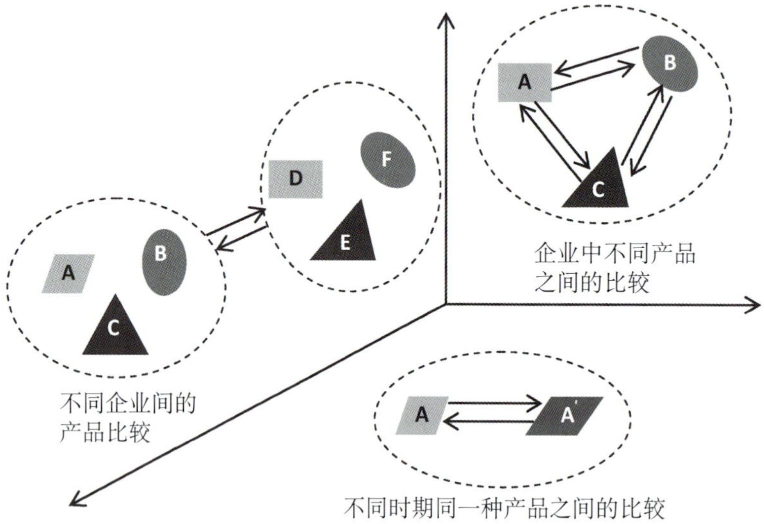

图 3-15 企业产品形象识别特征分析的三个维度

二、产品识别系统的构建

1. 产品识别系统的内容

企业产品如果要在充满竞争的市场中形成独特的品牌形象，就需要构建一套完整的、具有市场针对性的形象识别系统，这种识别系统要区别于以下三个方面的内容（图 3-15）：

（1）企业产品与其他同类品牌产品在形象上的区别。为了定位自身产品品牌识别的特征，需要研究和比较行业内不同品牌间产品形象的特点和区别，特别是行业内标杆产品、主要竞争对手产品的形象特点和风格定位。

（2）企业内部不同系列产品在形象识别上的定位和区别。为了定位新开发产品的形象识别特征，需要构建企业产品布局的树形图，系统研究企业中的产品战略布局，不同类别产品在消费者定位、价格定位和市场推广方式等方面的区别，从而定位新产品的识别意象，是否保持风格的一致性或多大程度上的突破性。

（3）不同时期同系列产品间的比较。需要绘制产品的发展历史图，研究同系列产品发展的历史阶段，确定识别的变革性和延续性，描述产品形象创新、扩展、延续的趋势与方向。

2. 产品设计语言的特性

在产品形象分维度研究的基础上，需要进一步明确新产品的形象定位，构建新产品的设计语言系统。产品设计语言是产品与人之间沟通的符号集，它是产品属性的概括性总结，也可以理解为产品视觉形态的抽象表达。依据认知心理学对语言特性的描述，可以深入地分析有关设计语言的特点。（图 3-16）

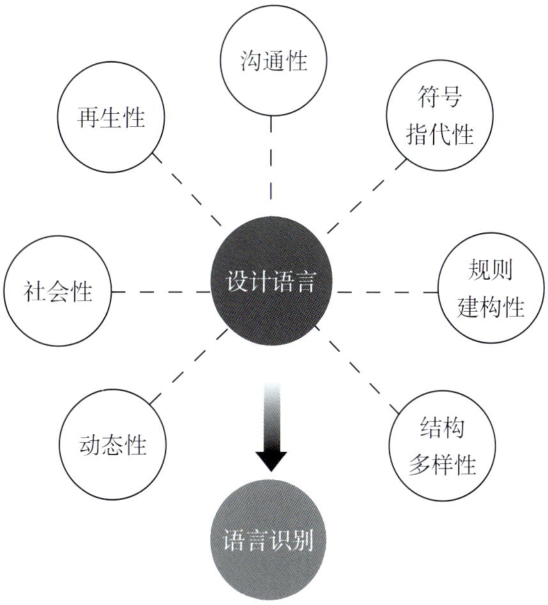

图 3-16 产品设计语言与语言识别

（1）沟通性。任何一种语言都可用于沟通。对产品设计而言，设计语言的沟通性体现在所需要传递的信息是用户所能够接纳并吸收的，这需要设计者在设计的过程中考虑用户的认知能力和水平，运用互相都能理解的设计语言，使产品传递识别特征信息的顺畅。

（2）符号指代性。语言信息可以看作是某一种符号信息，也可以指代某一个特定观念、东西、过程、关系。而对于产品而言，设计语言中的造型、颜色、材料等信息也可以看作相应的符号指代某种象征含义或者情感价值。如图 3-17 采用浅色调的木质材料以及圆角边风格等符号信息，体现出温暖、居家、简洁等含义。

（3）规则建构性。语言是有规则建构的，只有以特定方式排列的符号才有意义，不同的排列则产生不同的意义。对于设计语言而言同样如此，如企业的标志符号，如果不按照既定的规范来涂装企业标志，其所表达的符号信息就是没有意义的。

（4）结构多样性。设计语言可以在多个水平上建构。产品形态的组合可以呈现多样性的表达，既保持风格统一又呈现多样的形态组合，可支持设计语言在表达上的灵活性。

（5）动态性。语言是不断演变的。设计语言也不例外，没有固定不变的设计语言，随着时间的推演，设计语言也同样呈现其动态特性，一方面源于外部环境的改变；另一方面来自内部结构的调整。产品的设计语言伴随着产品的变化而变化。

图 3-17 宜家木质家具产品

图 3-18 儿童餐具套装

(6) 社会性。产品作为企业赖以生存的工具，必然存在于特定的社会环境当中。设计语言同样也受到各种情境的影响和冲击，如时代的变迁、市场需求的变动、人类生活习惯的改变、时尚潮流的改变等影响因素。

(7) 再生性。设计语言的再生性包含两方面：一是一种设计语言可以产生众多的衍生语言；二是同样的观点和思想可以用多种不同的设计语言来表达。

如图 3-18 的儿童餐具套装，在设计方面设计师深入考虑了宝宝与食品相关的问题，套装产品整体形象和使用方式统一，形态相互契合，能有效解决儿童餐具凌乱的问题。其材质采用天然木材，造型和结构方面充分考虑了大人使用和宝宝使用的各个动作，也恰如其分地融入了能训练宝宝动手能力的潜在动作，如零食盒的开启方式等。从整体形象识别来看，在多个方面的细节都体现了设计师对儿童的细腻关怀。

产品识别过程是产品识别特征要素的提炼和表达过程，也是产品理念的物化过程，设计语言的诸多特性表现符合识别过程的需要。一方面，设计语言的灵活性使其面对产品设计创造性的问题求解的过程时，能够在维持特征相同性的同时充分发挥产品设计的主观能动性；另一方面，设计语言的规范性又符合识别过程中管理和控制的要求。

制订产品识别系统，实际上就是制订一套供企业自行参考的产品评价方法，这套方法的用途就是协助企业将自身品牌文化与其产品设计紧密结合，促成与竞争对手的差异化，从品牌战略的角度来协助企业开发出更具个性魅力的产品，进而达到促进企业长期发展的目的。例如，宜家制订了一套“宜家标准”，即通过其品牌识别及产品识别规范，来规范全球各地员工的工作和行为，虽然其供应商分散在世界各地，但是通过其识别系统及积极的评价体系可达到其品牌下的产品形象一致性。也正因为有了“宜家标准”，才使宜家在管控其供应商的时候有了明确的准则。“宜家标准”的具体内容有：斯堪的纳维亚风格；进化而不是革命；尽可能节约成本和资源，并且产品必须可以被扁平包装，以便于运输；适合年轻人的品位和要求，个性为先。

这一套品牌标准和产品识别成了宜家的产品评价标准之一，同时对宜家设计师的设计工作提供了一套指导思想。宜家通过产品识别中的产品原型准则，对产品设计及开发进行控制。而通过这套准则对设计出的产品进行评价，以达到符合品牌识别及企业识别的目的。(图 3-19)

图 3-19 宜家儿童产品

三、产品识别整合设计的方法

产品识别是以用户为中心，用户对产品设计语言的识别涉及形态识别、界面识别、材料与工艺识别、用户体验识别、企业文化识别等。产品识别整合设计，就是将产品形象通过一定的视觉识别设计，予以视觉化、规范化和系统化，并通过此类整合性设计，使用户产生一致的认同感和价值观的一种产品整体经营战略。在具体的产品开发设计中，可以考虑通过以下方法和步骤实现产品识别的整合设计。

1. 由某个产品开始，初步确立形象

在产品形象系统实施过程中，首先从企业的一个具体的典型产品开始，对产品的背景和市场方面的调查同步展开，完成一个产品后，沿线性向外延伸，完成同一个系列的产品设计，再沿面性向外延伸，完成多个系列的产品设计，并最终覆盖企业的所有产品系列，形成完备的产品形象系统，并为产品的继续开发完成产品形象系统的战略规划。

对于企业来说，产品形象系统的建立与实施必须是一个循序渐进的过程，企业无论是自主开发，还是与专业设计公司合作，为保证后期系统的准确性和适应性，挑选一个合适的产品进行设计才是有效的方式。首个产品的挑选，通常应该符合以下几个条件：

（1）产品的典型性，应是该系列产品中综合各方特点的代表性产品，结构方式类似，规格尺寸有变化。

（2）变化空间较大，对后期的设计限制较小。

（3）难度中等，容易把握产品的特点，并展开后续的设计。

（4）产量较大，在工艺方面的限制较少。

（5）产品设计的导入肯定会带来成本的提高，但要保持在相对合理的范围内，并注意选择相对应的工艺方法。

以多个具有类似独立功能的、不同的产品，组合成一个产品系列，即为纵向系列。这种系列类型的产品特点就是具有可互换性。其要求产品具有一定的模数关系，或某个部分具有模数关系，甚至还要遵循行业标准或国家标准。由于这类产品遵循标准化，具有可互换性，所以也使产品具有了更好的适应性。因此，这类产品往往将可互换的部分成为模块，与产品母体结合，派生出若干系列。通过纵向拓展可开发各种系列产品，不断丰富其产品结构。

2. 由一个产品到同一系列产品

将不同的、独立的产品作为构成系列的要素进行组合，形成产品系列，即为横向系列，其目的是使成套意识带来的品牌效应，有助于商业上特定服务目标的实现。增加附加的功能和新的使用方式可以拓展产品，使产品的结构层次更丰富。

采用同个产品、不同配置的方式来形成系列产品，这种横向设计方法很适合以组装方法生产的产品，在延续整体风格的基础上进行横向设计。

3. 同一系列到多个系列

以相同性能或通用部件构成不同类型的产品，并选择产品的某些要素，采用增减、置换、重组、颠倒等变换方法进行多角度、多层次、多途径的变换设计，形成一个产品系列族类，多个系列产品实际上是一种跨系列的产品族。

在一个产品的设计开发完成以后，需要进行全面的考察评价，即内部评价和外部评价。从内部，针对产品的材料成本、工艺难度、生产周期、包装运输、表面品质、整体效果等方面进行评价。从外部，主要是销售人员和外部服务人员所获得的客户与市场的评价。最后，综合这两个方面的评价结果，从产品的各个方面进行总结。

多个系列所体现的往往不一定是形式上的系列感，而是技术和原理上的共性，有时也通过通用件或模块来实现。所以，在具体设计时需要解决好基本型产品与通用件或模块等结合要素的合理性和精确性。在多种情况下，衔接的问题与外形密切相关，好的设计往往可以利用衔接的特点，形成设计的特点，从而在视觉上、使用上取得良好的效果，对一些技术比较简单的产品可以采用不同的外观造型设计，运用不同的色彩进行比较设计，生产出更多的产品系列，以丰富企业的产品。

4. 产品整体经营战略及系列产品形象系统性评估项目分类

（1）系列产品的设计评价

在一个系列产品完成以后，也要完成这个系列产品的设计评价，这里的评价主要集中在系列产品的统一形象塑造，也就是统一性的问题，主要从以下五个方面进行：

①产品形象与企业的整体形象是否吻合，企业内部的人员是否有共鸣感。

②产品形象的统一性是否突出，是否容易引起人们的视觉注意。

③不同产品的个性是否存在，与整体的形象关系如何。

④产品的整体成本控制是否合适，是否还有可以变化发展的空间。

⑤新的产品形象与原有的产品形象变化是否适度，是否能获得老客户的认同。

（2）系列产品的统一性

不同系列的工业产品，其结构形式之间的差异有时会非常巨大，这与普通消费品的设计大相径庭，因此对于工业产品企业来说，从更高的层面上把握其共性要比仅从造型入手更重要。对不同系列的产品，需要建立一系列共同的基本设计原则。同时，对于细节的处理要一致，对于色彩的设计要统一，企业形象在产品设计中的运用，就是通过这些来完成不同系列产品设计的。对技术结构较复杂的产品，不同系列产品形象的统一性具体可以从以下五点考虑：

①产品的表面装饰，如企业标志、标准字体、标准色、铭牌、标识、辅助图形等是产品形象不可或缺的，通过以上元素的个性化、合理化搭配表达，可以直观地传达各种信息。

②产品的包装，如包装造型、包装形式、包装材料、装饰材料、图文等。它是产品形象的直接外延，在运输、展示、终端销售等环节，能直观地给消费者传达企业的信息。

③产品的宣传，如产品宣传画册、各类媒体广告、网站宣传、新媒体视觉形象等。它需要给消费者传达一个清晰的形象定位。

④产品的服务，如产品实用手册、说明书、质量跟踪卡、维修手册、结构图册、培训教材等。服务系统直接面向消费者，对于消费者最重要的是其产品的专业性介绍和服务系统的亲和力，同时它可带给消费者细致的关怀，对提升消费者或用户体验有微妙的效果。

⑤产品的展示，如企业内部产品（样机、图片等）的展示，各类型展览，厂房厂区环境导示规范等。

3.3.2 用户体验一致性设计策略

一、用户体验的内涵

对于用户体验的概念一直没有形成统一的认识，不同学者对用户体验的定义和内涵的理解也不完全相同。心理学领域，将体验定位为一种情绪；而在商业和经济领域，体验是一种经济手段，体验经济下的消费者注重的是产品所带来的整体感觉。但是对于和产品设计相关的领域来说，体验则有着不同的定义，它是一种具体的对使用的人或物的感官体会，是用户在使用产品时视觉、触觉和听觉等的感官刺激。Alben 认为，用户体验涵盖了用户与产品交互的各个方面，包括用户感受、对产品的理解、目标完成程度以及产品与使用环境的适应性。还有的将用户体验定义为描述用户使用一个产品或系统所获得的全部体验和满意度，用户体验涵盖了用户与企业，及其产品或服务交互的各个方面，以满足用户需求为首要目标，并通过简单而具有吸引力的设计让用户感受到拥有或使用的愉悦。Makela 和 Fulton Suri 认为，用户体验是在特定环境下，受一定动机激发而产生的行为结果。Hassenzahl 和 Tractinsky 认为，用户体验是在交互过程中，用户内在状态、系统特征与特定情境相互作用的产物。

从以上各学者对用户体验的定义中可以看出，用户体验是在受到一定用户需求和动机的驱使下，在用户与产品或系统的交互过程中产生的全部体验，交互对象是用户、产品或系统，而涵盖的范围包括产品或系统可用性、外观设计、用户情绪、动机、情感等各种影响用户体验的因素。在产品设计中，关注用户体验就是要关注产品在现实生活中是如何发挥作用的，人们又是如何使用它的。在产品开发中，人们更多的关注产品将被用来做什么，而往往忽视了用户体验，即产品如何工作，这是决定产品成败的关键因素。用户体验并不是指一件产品本身是如何工作的（虽然这对用户体验有很大影响），而是指产品如何与外界发生联系并发挥作用的，也就是人们如何认知、接触和使用它。具体而言，主要体现在产品在用户手中被感知的方式；用户对怎样使用产品的理解程度；用户在使用产品时对产品的感觉；产品在用户使用的整个过程中适应的好坏程度；在使用过程中，产品对用户任意操作提供何种信息反馈。

用户体验涉及用户和产品交互的信息、人的情绪、期待以及社会等方面的内容。用户体验是一个比较广泛的概念，它可以分为感觉体验、情感体验、创造性认知体验、身体生理体验和全部生活方式，以及与某个团队或文化相关所产生的社会特征体验。简而言之，用户体验就是感官、情感、思考、行为和关联的综合（图 3-20）。体验设计则是对这些体验类型的表现，在设计过程中，可以采用不同的体验策略，或从综合体验的角度，借鉴使用情境，为用户创造新的体验价值。

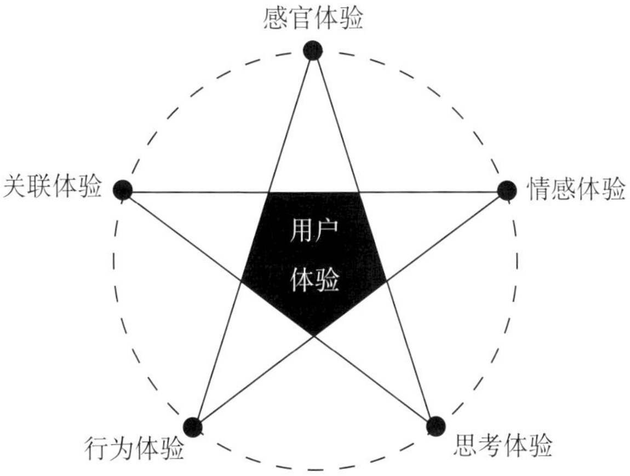

图 3-20 用户体验系统

感官体验包含视觉、听觉、触觉、味觉和嗅觉方面的知觉体验，它用最直白的设计语言将用户引入体验环境中，而非单纯地解决产品与用户之间的人机关系，是非传统的、以设计师为主的一种造型表达，它的最大价值在于唤醒用户的情感体验和思考体验。例如，理查特公司制作的巧克力被英国时尚杂志称为世界上最漂亮的巧克力，该公司就是通过创造视觉体验来强化巧克力潜在的味觉体验。情感体验是通过某种方式激发消费者的内在情绪，从而使其在产品的认知上达到某种共鸣。思考体验则是用创意的方式引起顾客的注意并使其产生兴趣，促使顾客展开对相关问题的认知、思考和理解，收获解决问题的满足感。行为体验，则是要影响人的行为过程，通过创造用户与产品之间的互动关系，强化用户的身体体验。关联体验是为了改进个人渴望，让个人和一个较广泛的社会系统产生关联，使别人对自己产生好感，在建立个人对某种品牌偏好的同时，让使用该品牌的人们形成一个群体。

一件产品带给用户的不可能只是一种体验，它是多方面体验信息的集合体。在设计的过程中，应该扩大用户体验的感知范围，丰富用户体验的属性，借助用户的多维感知，来创新产品的多维体验。例如，整合多种感官刺激是设计中常用的方法，一种服务项目的感官刺激应该支持和加强服务的主题，这项服务越能有效地刺激感官，就越不容易让人忘记，如明智的擦鞋者用加入香料的鞋油和发出清脆声音的碎布擦皮鞋，其实香味与声音并不能使皮鞋更光亮，只是这种香味和声音可刺激人们的嗅觉和听觉，为消费者带来了更加愉悦和难忘的体验。同时，综合不同类别的体验，形成相互交错和相互影响的体验效果，也是体验设计的有效方式。如图 3-21 的这款时尚电热水壶，在烧水的过程中，随着水温的升高，水壶把手上会有从蓝色到红色不断变化的光谱照明（水沸腾时为红色）。壶身上半部分为透明材料，超大透明部分方便用户在任何角度观察和判断水量，基于 360° 弧度的曲线把手方便用户的左右手使用。产品综合视觉、触觉和行为等多种属性，创造了全新的用户体验。

图 3-21 时尚电热水壶

二、用户体验一致性设计策略的方法

1. 产品服务化

随着服务经济的兴起和发展，全球制造业正在经历从生产型制造向服务型制造的转变。在服务型制造模式下，随着传统制造业向服务型制造的转变，产品服务化已成为一种应对市场竞争、提升企业价值、降低能源消耗、优化产业结构的可行方法。供应链模式也发生了相应的变化，由单一的产品供应链和服务供应链转变为产品和服务相融合的产品服务化供应链。从 1988 年首次提出产品服务化的概念至今，产品服务化已在国外制造企业中得到了初步成功的应用。随着国内制造企业整体利润的下降，我国制造企业面临着向以服务赚利润的新模式转型。

产品通常指能够提供给市场、被人们使用和消费，并能满足人们某种需求的任何东西。产品一般可以分为三个层次，即核心产品、形式产品、延伸产品。核心产品是指整体产品提供给消费者的直接利益和效用；形式产品是指产品在市场上出现的物质实体外形，包括产品的品质、特征、造型、商标和包装等；延伸产品是指整体产品提供给消费者的一系列附加利益，包括运送、安装、维修、保证等在消费领域给予消费者的好处。服务通常是无形的，是为满足消费者的需求、供方和消费者之间在接触时的活动以及供方内部活动所产生的结果，并且是在供方和消费者接触上至少需要完成一项活动的结果。服务的提供可涉及：为消费者提供的有形产品上所完成的活动、为消费者提供的无形产品上所完成的活动、无形产品的交付、为消费者创造氛围等。

服务具有不可感知性、不可分离性、差异性、不可存储性、持续需求性，以及缺乏所有权等特性。随着两化融合的深入推进，出现了制造服务业，产品和服务的边界也逐渐模糊化。现在被广为接受的观点认为，在产品的核心利益来源中，有形的成分比无形的成分多，那么这个产品就可以被看作一种商品（指有形产品）；如果无形的成分比有形的成分多，那么这个产品就可以被看作一种服务。产品和服务的主要区别表现在产品的功能和商业信誉的优先选择上，购买产品时应首先强调产品的功能和特性，而购买服务时首先考虑的是服务提供商的信誉。

产品服务化是指制造企业由仅仅提供产品向提供产品服务包转变，包括提供产品、服务、支持、自我服务和知识，并且服务在整个服务包中占主导地位，是价值增值的主要来源。服务化通常为三个阶段：第一个阶段，企业利润来源于单纯的产品或服务；第二个阶段，将产品与服务结合；第三个阶段，除了产品和服务外，还构建了为顾客解决问题的知识、方案、顾客教育、远程服务等系统。

产品服务化主要突出融入服务来增强产品的竞争力和企业收益，企业交易已从分散的产品销售转到提供产品和服务的整合上。服务能增进顾客对产品使用方式的深入了解，是持续的。在商业中，具有更高的利润率，并且通过为产品提供整个生命周期的服务可以产生稳定的收益。产品服务可分为三种类型：一是面向产品的服务，主要保证产品在整个生命周期内完美运作；二是面向结果的服务，根据用户需要提供最终的结果，用户无需购买产品；三是面向使用的服务，为用户提供一个平台，以高效率满足用户的某种需求和愿望。

2. 服务体验一致性设计

互联网给人们带来了智慧的生活与消费的普及，同时改变了人们的思维方式、生活习惯和消费方式。年轻一代的思维正在从因果逻辑思维转向碎片化、扁平化的相关思维，消费者认知产品的方式从实体店的一次性购买转向线上线下多次互动，从购买单件产品转向定制服务系统，从关注技术、功能、结构、造型、材料等转向聚焦多次互动过程中全接触点的服务体验，产品的娱乐性、人格化、个性化和自我价值越来越重要，用户不仅需要购买和使用产品，还需要参与设计定制、供应链管理、在线评价、晒生活／产品等全过程。

在新的智能时代，设计出现了两个大的转变：产品的智能化和服务的智能化。在智能时代，追求用户体验的一致性（User Experience Identity，简称 UXI）设计，主要体现在两个方面：在时间维度上，针对产品的服务流程，支持用户线上线下多次互动过程中全接触点的服务体验一致性设计；在空间维度上，针对企业提供的多款产品（特别是智能产品），支持使用过程中用户与产品之间的交互体验一致性设计。

当前，有形产品供应不是问题，产品的核心功能和技术性能趋同，市场竞争激烈，产品的技术与创意的追赶周期已经显著缩短，产品生产者与营销者拥有操纵市场的核心资源和渠道越来越少，消费者对产品的主权位置大大凸显，产品的服务体验显得越来越重要。在消费者购买产品的过程中，传统的有形产品本身只是消费者选择时考虑的系列因素之一，消费者要考虑的是所有接触因素形成的序列，即服务流。消费者选择的是特定的服务流，而产品是包含在服务流之中的，没有包含在适当的或者综合竞争力较弱的服务流中的产品，将不能成为消费者经常或理想的选择。

服务体验一致性设计，是基于用户在线上线下接触产品的全过程的服务流，开展体验一致性的设计。在整个服务流中，用户如何接触、认知、理解、评价、信任、参与产品创新和供应链管理等，都是当前产品开发策略需要综合考虑的。针对服务流进行视觉的、交互的等各种体验的一致性设计，既有助于为用户提供逻辑一致的、便捷的服务，传递可靠的服务信誉，又有助于培养用户习惯和对品牌的忠诚度。在为整个产品的服务流提供体验一致性设计时，应充分了解用户对服务的心理需求，并考虑如下四个因素：

（1）消费者习惯依赖最接近于自己的服务渠道，并希望这个服务渠道对其要求做出更多的承诺与承担更大的责任。

（2）消费者日益变成拥有更多信息的行为主体，需要最贴近自己的服务者以最快捷、敏感的方式，对自己的喜好和需求做出反应。

（3）消费者不希望承担过多的责任，需要整合的服务流是透明的、可信赖的，与服务者的信息掌握情况是对称的。

（4）消费者期待可选择参与全服务流，参与产品的创新、生产和管理。

洞察用户需求，集技术进展、产品创新、渠道创新与服务行为创新进行一体化的新设计、透明化管理，减少并排除对消费者信息获得与使用的障碍，实现全供应链管理，原料、产品、服务之间的割裂或分离度明显降低，上下游管理的全线渗透，正是当前产品服务化、体验化设计的方式。在这种设计模式和标准下，单一制造品品牌的价值大大下降，依靠传统的产品营销成为经典产品品牌的机会越来越小。在服务经济和体验经济时代，构建、维护、创新服务流和更有发展能量的快速进化革新的产品服务，已成为企业实施品牌战略的主流。

3. 人机交互体验一致性设计

用户体验是用户与产品之间交互所产生的体验，在产品智能化的趋势下，产品的外部形象与内部功能和结构之间的联系越来越小，外形的设计越来越个性和自由，用户对企业品牌的认知已不仅仅局限于产品的外部形象，人机交互体验已成为用户对产品及品牌认知的关键。从这个层面上看，产品不仅仅是产品本身，而是一种可以改变用户体验的载体。而企业追求不同产品设计在人机交互体验方面的一致性，有助于加速用户对产品的认知和理解，节省用户在使用不同智能产品时的认知和学习成本，提高产品的可用性，加深用户对品牌特性的认知和忠诚。人机交互体验一致性的研究已经成为智能产品设计和开发中人机关系所需要考虑的重要因素。

在设计过程，人机交互体验的一致性主要体现在两个方面：逻辑上的一致性和匹配性、不同产品操作方式的一致性和信息反馈的一致性。一致性可以让用户在潜意识中依赖使用经验和习惯，无需额外学习和思考，毫不费力地完成自然交互和日常任务，并吸引用户再次使用。显然，这种一致性不仅会影响用户对产品的体验和正确操作，而且关系到用户的忠诚度。同时，人机交互体验的一致性有助于产品模块的通用性设计，有助于节约企业产品开发的成本和时间，实现产品的标准化。在国际上，苹果、西门子、飞利浦等著名品牌，都在致力于电子产品和家电产品的智能化及其人机交互标准的设计。在产品智能化的时代，产品的设计正在从产品识别设计转向更具多维体验的人机交互体验一致性设计。（图 3-22、图 3-23）

图 3-22 西门子洗衣机

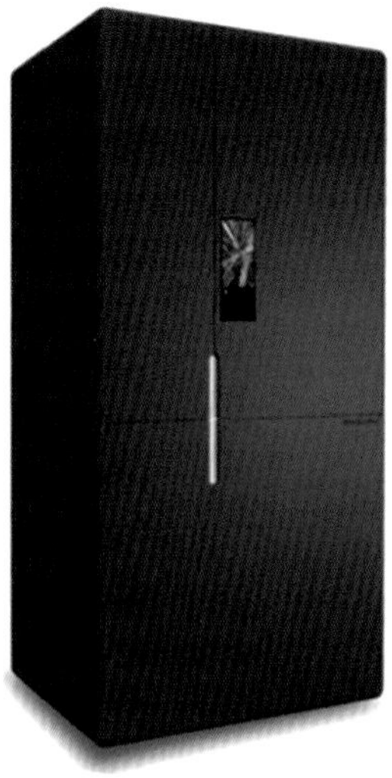

图 3-23 西门子冰箱

3.4 产品开发设计策略的落实

产品开发设计的策略明确后，设计师依据设计策略，开展具体的产品方案设计，落实制订设计策略。具体过程包括产品概念的构思与视觉化表达、用户体验设计、CMF 设计与管理、产品开发设计的评估、产品测试与市场推广。

3.4.1 产品概念的构思与视觉化表达

设计策略的落实与展开，首先关注于提出解决问题的设计方案，并将设计方案和概念进行视觉化表达。根据产品设计策略和定位，从不同角度构思、设想和勾勒出产品的概念与方案。在这个阶段，设计师主要通过概念草图和说明性的文字来捕捉稍纵即逝的灵感，表达和阐述设计方案；同时，设计师还能在草图的基础上，不断推出新的设计方案。

一、设计构思

设计构思是对设计过程中的问题所做出的多种可能的解决方案的思考。设计构思是把模糊的、不确定的想法和思维明确化和具体化的过程。在这个阶段需要提出设计的初步方案，提出用哪些原理、方法解决用户需求的哪些要求。在围绕设计构思的同时，尽可能地使概念、创意和设想多元化；同时，方案构思时需要综合考虑产品开发策略的多方面要求，尽可能使设计方案能够落地实现。

在方案的构思中，有两种基本的思维方式：第一种是以问题为中心的策略，即从不同角度提出一系列可能的设计方案，比较评价并确定一个较好的方案，基于该方案完成后续设计。该策略便于设计创新，特别适用于创新设计，即产品或部件的核心技术采用全新的原理。第二种是以产品为中心的策略，构思过程只产生一个设计方案，经过修改、完善与评价，如果该方案是一个较好的设计方案，则进行后续设计；反之，则再设计一个新方案，直至设计出一个满意的方案为止。企业的设计人员往往按第二种策略开发新产品，因为这种策略既能体现时间竞争的要求，又能最大限度地重用设计师以往的设计经验。当前，创新设计领域中的很多理论研究大多是依据第一种策略进行，应用这些理论成果去指导设计创新更为有效，但企业中的大多数设计师由于成本和时间有限，很难跟踪理论研究的发展和接受第一种策略，使设计理论研究结果不能在新产品开发中得到广泛应用。因此，依据第二种策略进行理论研究已成为设计领域中的一个重要方向，此种策略研究的思路与企业设计师的设计思路相同，更容易被接受，因此，研究成果被企业应用的可能性更大。

设计构思常用的方法有头脑风暴法、希望点列举法、缺点列举法、仿生学法、奥斯本检查提问法、组合设计法、六帽思维法等。设计师在具体项目的方案设计过程中，根据项目特点和自身资源，选择不同的方法灵活运用，综合提出问题、解决设想和方案。

二、设计表达

设计表达是设计构思和制造分离的前提，是设计行为独立的条件。只有通过适当的表达方式，设计才能从大脑中隐性的意识形态转变为显性的图像形式，使设计创新从“黑箱”走向“白箱”。产品设计的表达方式多种多样，最常见的有草图、效果图、模型等。

设计表达从现象上看是设计师在设计过程中运用各种媒体、技巧和手段说明自己的设计构思及造型方案，以便进行设计信息的传递、交流、评价的一种过程与结果，是对设计

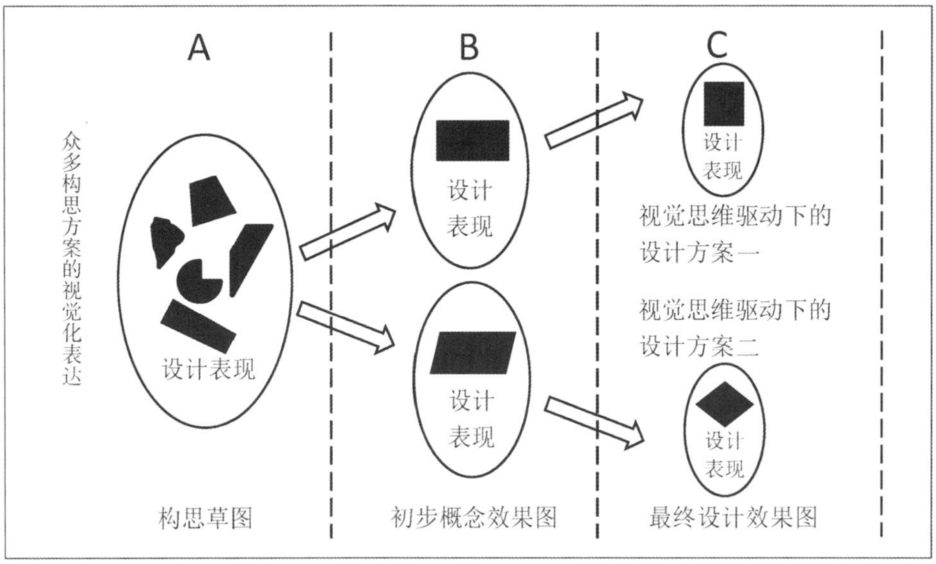

图 3-24 设计表达与构思的图式

思维的一种表达。但在本质上，设计表现对设计构思本身具有启发和促成作用，它甚至是产品设计师所特有的一种思维手段。工业设计师通过图形或模型表达设计内容，不但是视觉思维的结果，也是下一步继续思维的参照物。人们头脑中的形象往往是模糊的、矛盾的、支离破碎的或稍纵即逝的，因此必须借助设计表现予以肯定或否定，大部分头脑中想象的方案，当将其表现出来时，完全是两回事，其片面性、不合理性就暴露出来了。

在设计工作中，设计师借助初步表现（草图、草模）不断改进设计方案，最后确定方案，画出尺寸图、效果图，做出模型或样机。这是一个不断思考、不断基于已有设计表达形式和建构性发现，并不断趋于合理化和具体化的过程。在这个过程中，设计师的思维始终以可视化的设计表达形象作为思维的参照对象，没有这个思维的参照对象，思维或许就只能游离于意念幻想之中而不可捉摸。如图 3-24 所示，当设计师表现出 A 时，借助 A 的图形思维可以构思出 B，当表现出 B 时，则又构思出 C；但当 A 没有表现出来时，就未必能构思出 B，同理，当 B 没表现出来时，也可能无法构思出 C。

1. 设计草图的类型

在设计工作中，设计师用于构思表达的通常有草图、效果图、模型、工程图等多种形式。设计草图是设计师进行设计交流的重要工具，也是对设计构思进行最直接、最自然、最快捷和最经济的表现形式。一个对象的正确表现是对一个物体正确认识的基础和方法，设计草图的表现可以在设计师的抽象思维和形象表达之间进行实时交互和反馈，实现设计师对产品形态的分析、理解和表达。在项目设计中，设计草图具有快速表现、方案推敲与延伸、表现产品真实效果等价值。随着设计过程和设计方案不断深入，设计草图通常有概念草图、形态草图和结构草图三种类型。

（1）概念草图是设计师表达最初模糊想法的最简单、最概略的草图。这种草图是对整体造型感觉和基本设计构思方向的概括描述，是一种简化的图形表达方式。概念草图主要用于设计师快速捕捉头脑中的构思，并将其用于后续的记忆、理解、深入和扩展，其表现快速简练，不用过多考虑产品的细节处理，如色彩、结构、质感等细节，其表现方法比较自由。

（2）形态草图是设计师具体表达设计方案的草图。这种草图需要表现产品的局部变化与细节，甚至表现产品的基本外观结构、材质和色彩，主要用于产品外观效果的表现、分析和评审。

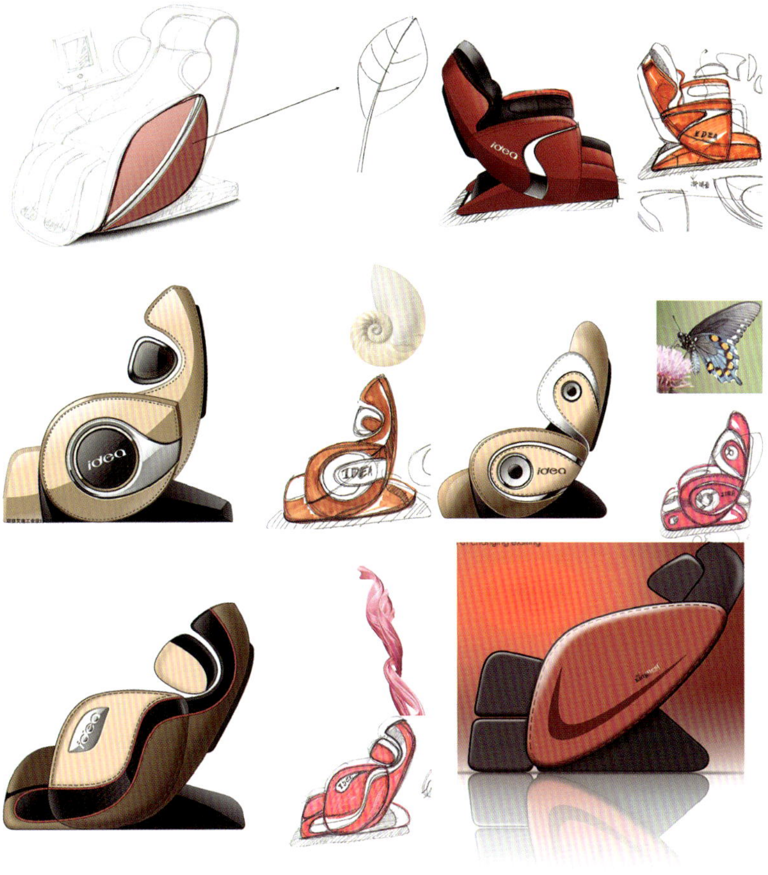

图 3-25 按摩椅的设计草图表现

（3）结构草图是设计师为了分析、理解产品结构原理、操作使用方式（如使用过程与情境等）而绘制的草图。这种草图主要目的是分析结构与造型、结构与功能之间的关系，以及用户操作使用产品的方式，用户与产品之间的人机关系交互体验方式。

2. 设计草图的表达方式

在项目开发的过程中，设计草图的表现往往是综合的，有时采用手绘与电脑表现相结合。图 3–25 是设计师在设计按摩椅时的草图表现，既表达出了设计师的概念构思，也展现出了按摩椅的基本形态结构。

构思出的设计方案，根据评估因素，由设计小组集体进行评估，以此来确定设计方案是否适合设计项目的目标，能否令客户满意。经过对诸多草图方案的初步评价和筛选后，推选出几种可能性较强的方案进行深入和细化。为了分析和测试设计构思，有时需要配合制作产品概念模型。概念模型也称草模，主要用于表现产品的基本原型、结构和外观，不仅方便用于用户体验、使用方式，以及基本的人机关系测试，还有助于对产品构思方案的基本技术原理进行直观分析。借助草图和草模，设计师需要进一步具体考虑和分析产品设计中的各种因素，例如比例尺度、功能原理、结构限制、技术约束、材料选用、工艺条件等，在此基础上借助计算机完成产品的效果图和平面图。

在方案深入设计阶段，需要进一步推出比较规范的设计表达，用于各种分析和评审。这些表达方式通常有带比例尺度的造型设计草图、工作模型、色彩设计和平面图、产品三维效果图。

有时方案深入和评估还要求做出产品模型或样机、进行用户体验和技术试验等，用来评估设计方案创新的效果和风险。经过方案的完善和初步评审，确定基本方案，通过这个阶段的分析研究和功能技术系统的建立，进而产生具体的产品方案。由于产品造型的约束因素较多，这个阶段是系统性和整合性较强的工作过程，设计师既需要具备较强的艺术创造力和生活感悟力，还需要具备较强的多因素整合的分析能力和动手执行能力。

3.4.2 用户体验设计

当设计方案初步确定以后，首先需要考虑的是产品在人机工程学方面的可行性和合理性，并进一步进行深入分析和深化设计，主要包含两个方面的内容：用户体验分析与设计、产品结构分析与设计。

一、用户体验分析与设计

产品设计是以用户为中心的，以用户需求为导向的，在产品开发设计时就必须把产品与用户的关系作为一个重要研究内容，先设计用户与产品的使用关系和体验方式，再设计产品的物理结构和呈现方式。

工业设计的核心是人与物之间的关系，人的核心是用户服务，物的核心是技术原理，设计创新的核心是技术创新和服务创新。产品设计要解决的问题往往存在于使用产品的过程中，通过用户对物的使用来满足产品的服务价值。对用户使用产品过程的研究，是确定人机工程学关系、进行用户体验和服务设计的关键。（图 3–26）

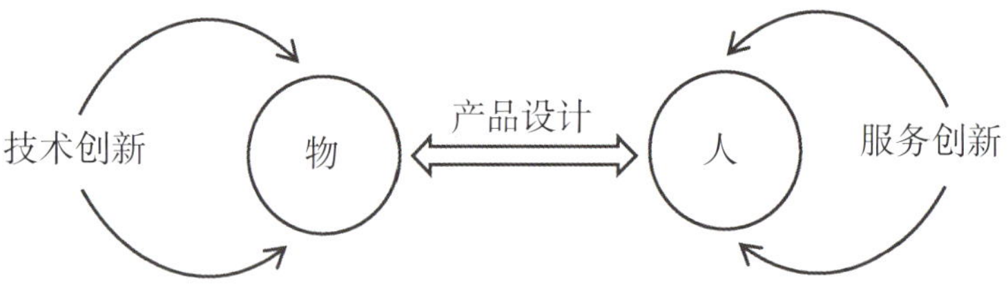

图 3-26 产品设计中人机关系示意图

为了使设计的产品使用便利舒适、操作安全高效，能为用户创造更健康、友好和合理的使用方式，获得高满意度的用户体验，产品设计可以从三个方面展开：产品在使用过程（包含运输、操作、收纳、回

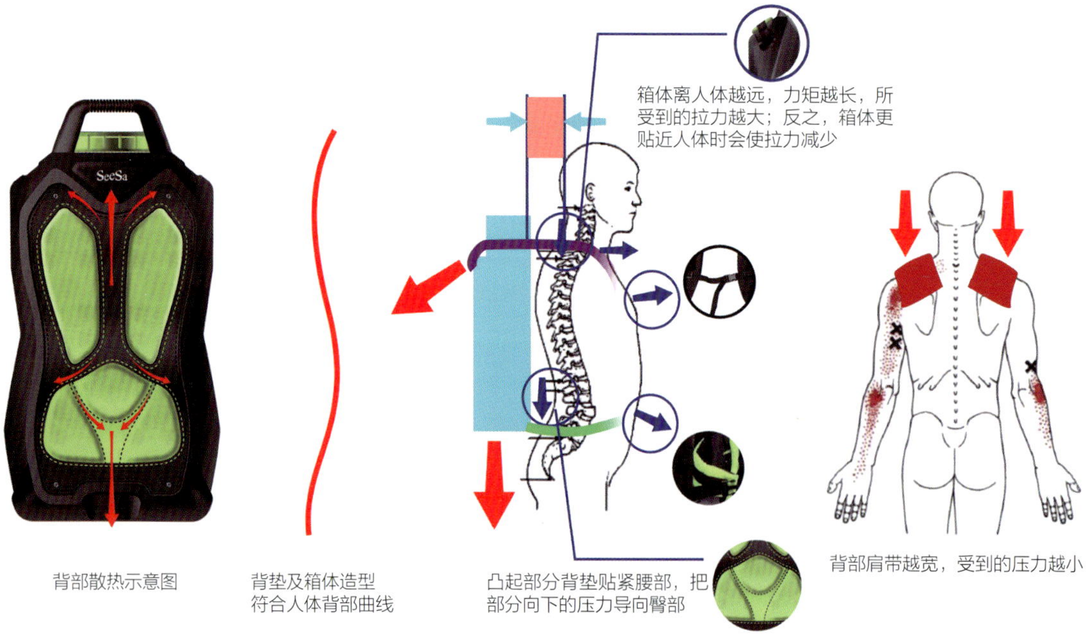

图 3-27 电动喷雾器人机关系分析与设计示意图

收等）中应符合用户的生理需求，满足健康、便捷、舒适和高效的行为要求；产品设计要符合特定人群的认知规律、心理特点和审美情感需求；产品能对人的能力开发起促进和刺激作用，激发用户更加健康、快乐的生活兴趣，带给用户持续的友好体验。

图 3-28 电动喷雾器

产品人机工程学与用户体验设计的主要目的是优化特定环境和使用情景下的人机关系。在具体的产品开发设计过程中，对人机工程学的分析和设计往往是综合的、全方位的，如在电动喷雾器的开发设计中，需要充分考虑用户在使用状态时多方面的人机关系和用户体验，例如散热、肩部受力、背部受力、臀部受力等。新产品的设计方案改变了传统的背带方式，将背带前移，增加了肩部的受力面积，因此背带对肩部的压力减小；箱体及背垫造型和人体背部曲线相吻合，让用户在使用产品的过程中更轻松自如。（图 3-27、图 3-28）

根据悉尼大学设计计算与认知研究中心的 John S. Gero 教授提出的“功能－行为－结构”设计过程模型理论，产品的结构虽然具备功能，但不能完成功能，功能的完成必须依赖行为，功能是行为作用于结构的结果，行为能够表明“结构如何实现功能”这个关系。因此，产品设计创新的关键之一是创造用户更合理的行为方式，对产品某个功能的求解首先考虑的应该是通过怎样的行为动作来实现该功能，然后去寻求支持这种行为的各种结构载体，这就使设计创新的核心从结构创新转变为行为创新。行为具有不确定性，在设计的过程中如何寻找到合适的行为，是设计创新的关键。从行为的外部结构看，行为发生在真实的生活环境中，存在于特定的情境中；从行为的内部结构看，行为是由按时间顺序作用于产品的系列相关动作构成，同时，产品的结构状态伴随着动作而改变。

行为都存在于特定情境中，对情境进行分析是获取行为的有效方式，情境构建是设计过程的重要活动。设计师经常把自己置身于用户的情境之中，并通过故事的方式描述设计的产品是如何被使用的。情境是指人在一定的环境下进行某种活动的相关因素和信息的总和，在产品设计的情境分析中，除了目标用户对主要功能的使用情境外，用户在产品使用过程中的情境通常还包括误用和滥用情境、次要功能使用情境、具有特殊需求的用户使用情境、具有使用经验基础的用户使用情境、最小行为能力用户的使用情境、第三方用户使用情境、事故情境、进化使用情境等。如图 3-29 的组合式儿童沙发，就是为了满足儿童在家庭生活中喜欢多变和多样性的行为要求。沙发为能够满足儿童围、躺、坐、爬、跪等多种行为爱好而将产品分拆组合成多种充满想象力的“新家具”，在创造多样性生活方式的同时，也开发了儿童的智力。

图 3-29 组合式儿童沙发　设计者：渐康、黄薇

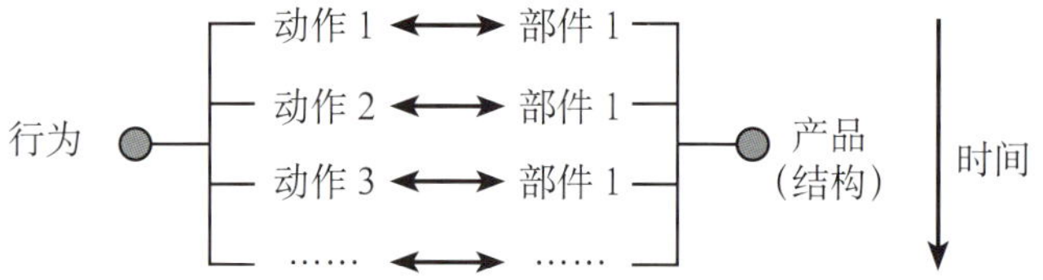

图 3-30 行为过程分析

用户行为由不同的相关动作按顺序作用于产品部件，并引起产品结构状态的变化。因此，对行为的分析，就需要分析这个动作的作用过程，对不同阶段的动作进行合理性分析，从而找到设计创新的思路。（图 3-30）

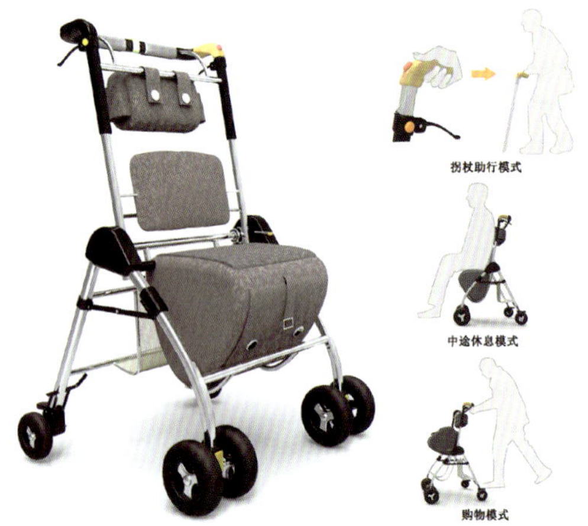

图 3-31 老人助步购物车设计　设计者：彭准、王天培等

例如，老年人在大型超市购物时，常常有购物前的行走、购物中途的休息、购物后的搬运物品等行为。图 3-31 就是为满足老年人在超市购物的全过程而设计的老人助步购物车，该设计既可以满足老年人在超市行走的拐杖辅助需求，又可以满足老年人购物中途需要静坐休息的需求。

二、产品结构分析与设计

产品结构设计中产品的内核是产品有效实现技术功能的关键。通常认为，开发设计中产品结构主要包括产品外部扩体结构（含分模等）、产品内部骨架及安装结构（含内部部件布局）、产品运动机构等。产品结构主要起到实现和完成功能，完成运动和空间动作，连接、支撑、安装和运输等作用。产品结构的设计通常分为四个层次：

1. 产品总体结构设计

确定产品总体结构关系、布局方式、总体空间尺寸、局部结构与整体结构的关系、结构的原理与框架等。确定安装方式和拆卸维修方式，初步确定成型工艺、材料使用、产品使用的人机交互方式等。

2. 产品外部结构设计

确定产品外部整体结构方式，外部结构成型性质，外部结构件连接方式，分模方式，成型工艺，开启、操作与拆卸方式等，有些产品还需进行三防（防尘、防水、防腐蚀）设计。由于外部结构与用户的操作和外部环境直接接触，并关系密切，因此产品的外部结构对用户和环境有特殊性能的要求，如防滑、防跌落、防碰撞、防误操作、耐磨损、耐高温等。

3. 产品内部结构设计

确定内部各部件（如电路板等）的布局方式、连接方式和产品基本骨架，明确产品运动件的结构和行为方式，明确内部件的安装结构、产品维护方式，设计散热结构等。

4. 产品机构设计

指产品运动机构设计，既包括产生运动的构建结构和运动方式的设计，也包括明确带动构件运动的动力源的安装结构。

产品的结构创新往往与产品开发中技术创新和新原理的运用密切相关，因此，对产品结构的创新设计是系统的、综合的。

3.4.3 CMF 设计与管理

一、CMF 的基本内涵

CMF 是色彩、材质、表面工艺（Color，Material，Finishing）的英文缩写。CMF 设计是通过研究、分析、设计产品的色彩、材质和表面工艺，为产品开发提供 CMF 趋势分析报告、设计策略输入和新产品式样。产品设计要达成用户对产品的良好感知，需要通过色彩、材质、表面工艺来提高产品的差异化和附加值，满足人们的个性化审美需求并更好地发挥产品的功能作用。CMF 设计与产品设计、市场研究、用户研究密切配合，共同转化设计语言，认知技术、制造限制，实现生产效率、产品开发成本与战略的优化。（图 3–32）

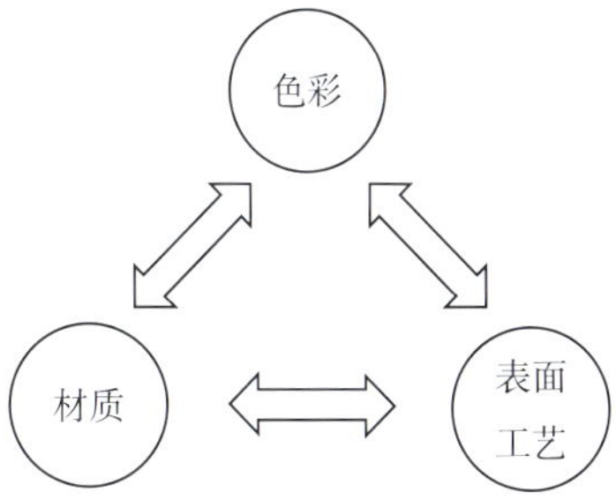

图 3-32 CMF 设计

在传统的工业设计领域，产品外观设计主要聚焦于产品造型。随着产品内部结构在物理形式上的趋同化（主要为电路板），产品（特别是数字产品，如手机等）的外观造型也有趋同化特征，看得见的色彩、触摸到的材质和肌理成为用户直观感受和体验的敏感因素。一方面，如何通过色彩、材质、表面工艺的创新，来创造用户体验，激发用户的品牌认知和价值认知，是 CMF 设计的重要任务。如图 3–33 的婴儿奶瓶，把手部分采用了双色注塑工艺，不仅控制了成本，而且丰富了造型，不同材质的把手有助于丰富儿童的抓握体验。另一方面，选择合理的 CMF 设计策略，有助于企业降低产品开发成本，减少物品的库存和积压，降低新产品开发的风险，形成视觉形象一致性的战略。并根据不同的市场和不同的用户群进行产品定制，通过对 CMF 的变化设计出丰富的产品内容，从资源角度避免无谓的开发流程，并以情感化的设计延长产品生命周期。

图 3-33 婴儿奶瓶

据市场调研显示，CMF 设计对年轻消费者的吸引力显著，产品想要在竞争的市场环境中求同存异，营造独特性，CMF 设计的创新无疑是最便捷的路径之一。因此，如何在 CMF 设计方面寻求针对年轻消费者产品的新卖点已成为一个很大的市场缺口，并且逐渐被企业所发现。如何将合适的 CMF 设计方案匹配到产品设计中，设计师的任务也在于此。如图 3–34 的 ZOKU 系列冰沙杯，选择了鲜艳的色彩和半透明材质，满足了年轻消费者的审美和情感需要，也增强了产品的味觉体验，手持部分选择具有一定磨砂效果的硅胶，增强了触感，还能防滑和防冻。

图 3-34 ZOKU 系列冰沙杯

二、CMF 设计原则

现代用户都希望产品在满足功能要求的基础上，还能带给用户一种精神上的满足感。CMF 设计应以现代用户需求和产品的性能与行业特征作为设计宗旨，将其准确且合理地运用到产品形态中。具体而言，应该考虑以下八个原则：

1. 性能驱动原则

设计师在进行 CMF 设计之前要充分了解产品的功能、结构、工作原理等，并根据性能需求选择合适的 CMF 设计。

2. 情感驱动原则

产品通过 CMF 设计后所表现出来的一种感性特征，如色彩效果、材质效果、工艺效果能够给用户带来积极的情感认知，色彩和材质的象征性、情感性等在不同的领域具有不同的特征。设计师需根据地域文化风俗、行业领域习惯选择合适的 CMF 设计。

3. 整体性原则

指设计师依据 CMF 设计特性，结合产品形态特征而进行的整体性设计。CMF 设计是设计师将色彩配色、材质选择以及表面工艺处理应用整合到一起进行整体性设计的过程。设计师在设计的过程中要对 CMF 设计的三元素特性有一个整体性的认知和把握，才能将产品形态塑造得既具有独特性，又富有整体性，以供社会大众识别认同。

4. 美感时尚原则

通过 CMF 设计后，产品所表现出的整体效果能够给用户带来审美享受和时尚感，体现时代审美趋势和流行趋势。

5. 个性化原则

CMF 设计要符合产品个性化设计需求，不同品牌的产品，通过 CMF 的创新设计，为用户带来健康、快乐的视觉和触觉体验。

6. 行业性原则

不同行业和领域的产品，由于使用环境、用户对象和历史进化等，在行业内形成了一些基本认知。不同行业产品具有不同的 CMF 设计语言风格，如工程机械、消费电子和儿童玩具等的 CMF 设计规划就具有显著区别。

7. 延续性原则

企业产品一旦确定了基本的 CMF 设计风格，就应该如同 VIS 规划一样，在后续新产品开发和进化过程保持 CMF 设计的延续性，从而保持品牌风格的延续。

8. 一致性原则

企业产品一旦确定了基本的 CMF 设计风格，就应该保持企业所有产品在 CMF 设计方面的一致性，形成企业整体视觉形象的统一。因此，在规划 CMF 设计方案时，不需要考虑 CMF 设计方案在企业不同类别产品间的通用性和可扩展性，这种一致性和通用性既有助于塑造和传递统一的品牌形象，也有助于节省企业开发、制造和备货库存成本。

三、CMF 设计流程与方法

产品 CMF 设计是一个系统工程，需要综合多方面因素展开，主要设计流程如图 3-35 所示。

1.CMF 设计趋势分析

设计师在项目前期，需针对项目要求进行相关产品 CMF 的调研分析，编制 CMF 趋势报告。调研分析内容既包括同类产品（特别是国际上相关行业标杆产品的CMF流行趋势），也包括调研分析跨界产品的CMF流行趋势。CMF流行趋势往往具有跨界性，在一个领域反复提及的元素通常会很快传播至其他领域引起新的潮流，因此CMF设计中对汽车、电子、时尚等相关领域设计流行趋势关注极为重要。此外，其他领域设计中发现的新材质、新工艺也是CMF设计需要关注的重点。

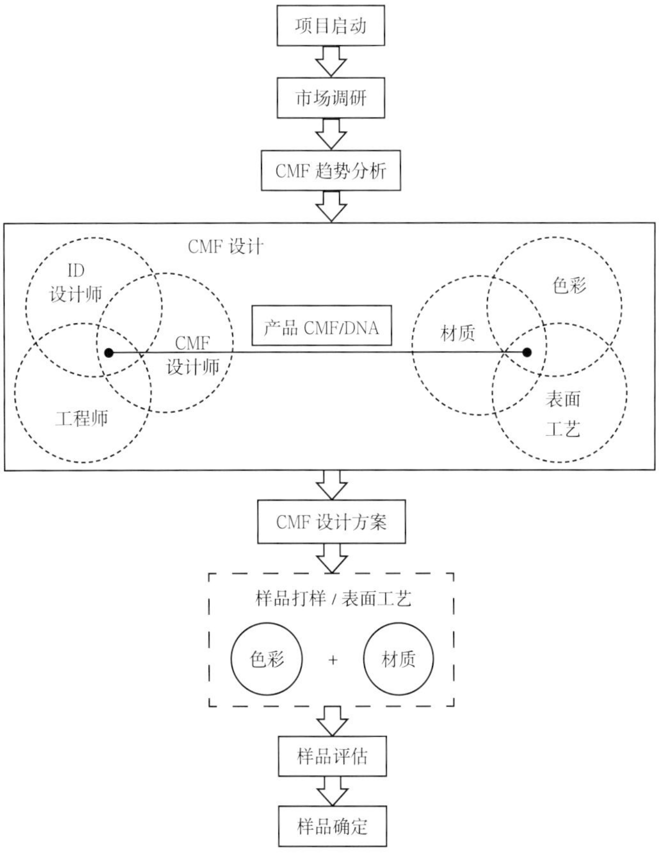

图3-35 CMF设计流程图

2. 用户分析及测评

设计师在市场调研和趋势分析的基础上，选取典型的CMF组合样本，进行用户测评。用户测评的方法种类较多，测评方式较为灵活，目前在CMF设计方面有着较为广泛的应用。通常的方法有：一是通过记录被测用户对标准色彩和材质样本的配对结果，分析确定其色彩、质感偏好。二是眼动测试，通过眼动仪的记录，分析出受测者最感兴趣的色彩及质感搭配。通过用户测评及对目标消费群体的生活方式、生活形态、消费需求、文化背景等方面的分析，编制消费者的CMF偏好意向。

3. 制订CMF规划

设计师结合市场调查和用户测评结果，在CMF趋势报告和消费者偏好意向报告的基础上，与工程师、市场营销人员等进行沟通，共同推导出适合本项目的CMF设计规划。

4. 构建CMF库

产品所用的材质和表面工艺种类繁多，新的CMF能驱动设计创新，但材质和表面工艺必须通过触摸、操作与组合才能发掘其魅力，然而设计师往往缺少对各种材质的接触和了解，更没有触觉等体验。正因为如此，企业构建CMF库就显得极为重要。CMF库的构建既可以通过实物的样本，也可以通过数据库来实现。CMF库不仅是为设计师提供了获取材质灵感的工具，同时也是材质制造商与使用者沟通的平台。通过CMF库的建立，双方能够更高效地互动、合作，同时大大缩短材质、新工艺应用于生产和投放市场的周期。

5. 方案设计与实现

设计师根据以上几点选择和搭配CMF设计方案来进行相关色彩设计、材质选择以及表面工艺处理，方案设计的实现要经过打样、样品评估、样品确定等过程。

6.CMF规划手册的构建

为了便于企业产品和品牌在CMF设计方面的可扩展性和延续性，形成通用性和一致性，需要编制CMF手册或绘制CMF树形图，对企业产品的CMF进行统一规划和管理。

在当前的工业产品设计中，常见的表面工艺如表3-2所示。

表 3-2　工业产品设计常见的表面工艺

序号	工艺名称	技术特点	应用领域	案例图示
1	表面立体印刷（水转印）	利用水的压力和活化剂使水转印载体薄膜上的剥离层溶解转移	在产品表面形成不同图文，如皮纹、木纹、翡翠纹及云石纹等	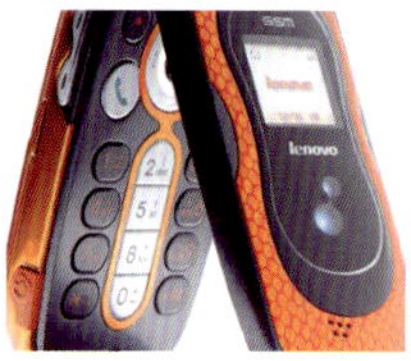
2	金属拉丝	铝合金的表面拉丝工艺，拉丝可根据装饰需要，制成直纹、乱纹、螺纹、波纹和旋纹等	主要用于产品的金属外壳，起到美观、抗侵蚀的作用，使产品兼备时尚和科技的元素	
3	阳极氧化	金属或合金在电解液和外加电流的作用下形成电化学氧化，在铝制品等（阳极）上形成一层氧化膜的过程	用于轻金属的铝及其他类别合金，如 MP3 播放器、DSC、手机、NB、桌面电脑等	
4	铝板钻石雕刻	在低温下也能保持很好的抗压强度，硬度高、机械强度高、抗磨损性好	用于电子消费品、玩具、环保商品、汽车仪表板、门板、户外护栅等	
5	电镀工艺	在含有欲镀金属的盐类溶液中，以被镀基体金属为阴极，通过电解使欲镀金属的阳离子在基体金属表面沉积形成镀层	应用于金属制品，形成防护性镀层、装饰性镀层及其他功能性镀层	
6	表面喷涂（塑料件）	在产品表面喷涂涂料，经过特定干燥工艺形成	广泛应用于塑料制品	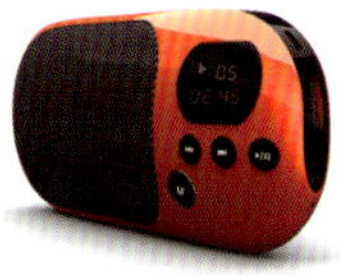
7	移印	承印物为不规则的异形表面（如仪器等），使用铜或钢凹版，经由硅橡胶铸成半球面形的移印头，以此压向版面，将油墨转印至承印物上完成转移印刷的方式	应用于尺、笔、球形物、手表、照相机、吹风机外壳、陶瓷、医药器具、球拍、录音带、电子零件、计算机外壳、按键、装饰标志等的印刷	
8	热转印	热转印是一种将花纹或图案印刷到耐热性胶纸上，通过加热、加压，将油墨层的花纹图案印到成品材料上的技术	用于装饰铝形材、各类金属板材，可达到木制品或大理石的效果	
9	喷砂	将加速的磨料颗粒向金属表面撞击，以除锈、去毛刺、去氧化层等，用以改变金属表面的光洁度	可实现不同的反光或亚光，如制品打磨、家具表面亚光化、磨砂玻璃表面图案、布料表面毛化等	

续表

序号	工艺名称	技术特点	应用领域	案例图示
10	激光镭雕	一种用光学原理进行表面处理的工艺	手机和电子词典的按键上用得较多	
11	丝网印刷	把带有图像或图案的模板附着在丝网上进行印刷	应用于彩色油画、招贴画、名片、装帧封面、商品标牌及印染纺织品等	

3.4.4 产品开发设计的评估

在产品开发前期阶段，通过合理的设计策略评估和设计方案评价，才能预测产品开发的成败。在这种情况下，采用何种评估方法尤为重要，将直接影响到产品开发设计的质量及其可靠性。

一、产品开发设计策略评估

对产品开发设计策略和概念图进行评估和筛选，有助于减少概念图的数量和聚焦于设计方案质量的改进。产品的评估，主要由编制选择矩阵，对产品开发设计策略的可行性进行分析、对策略进行整合改进、选择一个或多个策略、对过程和结果进行反思等步骤。

每个产品的开发设计策略都应该包含消费者选择诉求、产品开发选择、企业组织层三个目标方向的叙述和评估，参与者针对目标可实现性进行打分，根据打分情况进行排序和选择。并结合多方面的讨论，对产品开发设计策略进行调整，然后重新制表讨论和评估。

产品开发设计策略一般要经过企业高管通过后才能执行。虽然企业的产品开发设计策略多种多样，但一般认为，切实可行的产品开发设计策略都应满足五个要求：必须从企业组织层面考虑问题，这样有利于符合企业的实际资源能力，具有可操作性；企业产品开发设计策略所要达到的目标必须清晰；产品开发设计策略必须可转化为具体的操作流程；产品开发设计策略符合企业的整体发展策略；产品开发设计策略能够根据市场变化、企业的发展和环境变化进行更新。

二、产品开发设计方案评估

设计方案的评估是指在设计过程中，对解决问题的设计方案和设计结果进行比较、评定，由此确定各个方案的价值和优劣，以便提出方案的修改意见和在已有方案中筛选出最合理的方案。在实际设计工作中，对某个设计进行评价，往往要在具备多个方案的条件下才有意义，才能进行全面的比较和分析。设计评价在设计过程中具有重要的价值，没有科学的评价，就没有正确的决策。通过设计评价，能有效保证设计的质量，减少设计中的盲目性，提高设计效率，降低设计成本。同时，有效的设计评价还能发现设计的不足，为改进设计和获得最终满意的设计结果提供依据。

评价标准是进行有效评估的基础和依据，也是引导设计发展的风向标。产品设计的评价涉及多方面的因素，是基于多目标的评价体系。工业设计在本质上是一个对表面相互冲突的多方利益进行协调的过程，因此，站在工业产品设计的立场来评价，其评价体系在突出主要利益方的同时，还要综合考虑其他目标利益。一般来讲，在评价工业产品设计是否是一个好的设计时，其评价体系包括的属性有创新性、适用性、功能性、人机工程关系、社会需求、效用、开发成本、潜在利润、环保节能、生产工艺、款式风格等。这些评价标准反映了用户、企业、中间商、社会、环境等多利益方对产品多元价值的诉求和平衡。产品设计在满足易于认知、理解和使用的同时，还要在环境保护、社会伦理、专利保护、安全性和标准化等诸方面符合相应的要求。

三、产品开发设计模型与评估分析方法

产品存在于竞争激烈的市场，在新产品开发的过程中，企业需要根据产品领域、用户定位和竞争对手的情况，对新产品开发设计策略和方案开展外部分析和内部分析，并进行量化评估。一般而言，为了使企业价值融入消费者内心，形成品牌沉淀，设计价值的选择应该保持一致性和连续性。为了有效开展设计策略和方案的评估，各学科提出了多种模型和方法。

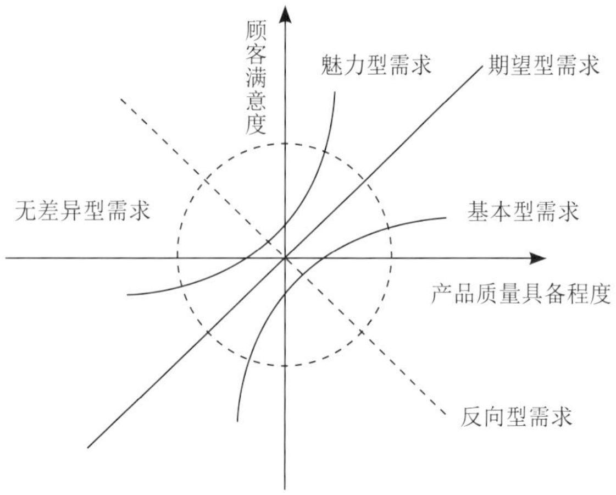

图 3-36 Kano 模型分析

1.Kano 模型分析

Kano 模型分析是对顾客需求或者说绩效指标进行分类，帮助企业了解不同层次的顾客需求，找出顾客和企业的接触点，识别使顾客满意的至关重要的因素。

日本教授狩野纪昭（Noriaki Kano）在 1984 年首次提出二维模式，构建出了 Kano 模型。Kano 模型是以横坐标表示产品质量具备程度，右半轴表示该质量要素的具备程度，越向右则具备程度越高；左半轴表示质量要素的欠缺程度，越向左欠缺程度越高。纵坐标表示顾客满意度，上半轴表示满意程度，越往上满意度越高；下半轴表示不满意程度，越往下不满意度越高。利用这两个坐标的相对关系，可以把质量要素分为基本型需求、魅力型需求（兴奋型需求）、期望型需求、无差异型需求和反向型需求五大类。（图 3-36）

基本型需求也称为必备型需求、理所当然需求，是顾客对企业提供的产品或服务的基本要求，是顾客认为产品必须有的属性或功能。当其不满足顾客需求时，顾客很不满意；当其满足顾客需求时，顾客也可能不会因而表现出满意。对于基本型需求，即使超过了顾客的期望，但顾客充其量达到满意，不会对此表现出更多的好感。

期望型需求没有基本型需求那样苛刻，要求提供的产品或服务比较优秀，但并不是“必需”的产品属性或服务行为，有些期望型需求连顾客都不太清楚，但是是他们希望得到的。这是处于成长期的需求，是客户、竞争对手和企业自身都关注的需求，也是体现竞争能力的需求。

魅力型需求指不会被顾客过分期望的需求。对于魅力型需求，随着满足顾客期望程度的增加，顾客满意度也会急剧上升，但顾客一旦得到满足，即使产品表现并不完善，顾客表现出的满意状况也是非常高的。反之，即使在期望不满足时，顾客也不会因而表现出明显的不满意。

无差异型需求指无论是否具备产品或服务，都不会影响到顾客的满意程度。提供无差异需求对企业来说是一种浪费，故能省则省。

反向型需求又称逆向型需求，指引起强烈不满的质量特性和导致低水平满意的质

量特性，因为并非所有的消费者都有相似的喜好。许多顾客根本都没有此需求，提供后顾客满意度反而会下降，而且提供的程度与顾客满意程度成反比。提供反向型需求对企业来说是一种伤害，应尽量避免。

从 Kano 模型的分类可以发现，Kano 模型并不是直接用来测试顾客满意度的方法，而是通过对顾客的不同需求进行区分，帮助产品找出提高顾客满意度的切入点。它可帮助产品了解不同层次的顾客需求，是识别使顾客满意的至关重要的因素。

在实际开发中，Kano 模型主要是通过标准化问卷进行调研，根据调研结果对各因素属性归类，然后计算 Better-Worse 系数，以显示达成此项属性对顾客增加满意或消除不满意的影响程度。Better 的数值通常为正，表示如果产品提供某功能或服务，顾客的满意度会提升。其正值越大，代表顾客满意度提升的效果会越强，满意度上升得越快。Worse 的数值通常为负，表示如果产品不提供某功能或服务，顾客的满意度会降低。其负值越大，代表顾客满意度降低的效果会越强，满意度下降得越快。根据 Better-Worse 系数，对系数绝对分值较高的项目应当优先实施。

2.SWOT 分析

SWOT 分析又称为态势分析法，即分析企业优势（Strength）、劣势（Weakness）、机会（Opportunity）和威胁（Threats），从而将公司的战略与公司内部资源、外部环境有机地结合起来的一种科学的分析方法。SWOT 分析实际上是将对企业内外部条件各方面内容进行综合和概括，进而分析组织或战略的优劣势、面临的机会和挑战的一种方法，在战略规划报告里，SWOT 分析是一个常用工具。（图 3-37）

优劣势分析主要是着眼于企业自身的实力及其与竞争对手的比较，而机会和挑战分析则将注意力放在外部环境的变化及对企业的可能影响上。在分析时，应把所有的内部因素（即优劣势）集中在一起，然后用外部的力量对这些因素进行评估。

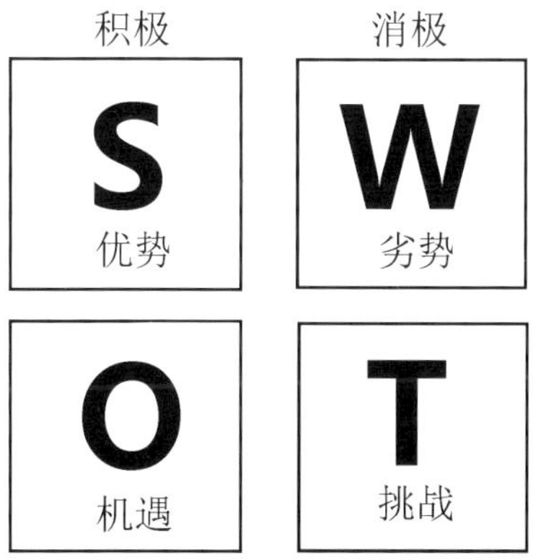

图 3-37 SWOT 分析

SWOT 分析从某种意义上来说隶属于企业内部分析方法，即根据企业自身的既定内在条件进行分析。它将公司的内部分析与产业竞争环境的外部分析结合起来，形成自己结构化的平衡系统分析体系。与其他的分析方法相比较，SWOT 分析从一开始就具有显著的结构化和系统性的特征。就结构化而言，在形式上，SWOT 分析表现为构造 SWOT 的结构矩阵，并对矩阵的不同区域赋予了不同分析意义；在内容上，SWOT 分析的主要理论基础也强调从结构分析入手，对企业的外部环境和内部资源进行分析。

3.STP 分析

STP 分析即市场细分（Segmenting）、目标市场选择（Targeting）和产品定位（Positioning）。STP 法则是整个产品营销建设的基础，它对各自的市场进行了细分，并选择了自己的目标市场，传达出了各自不同的定位。（图 3-38）

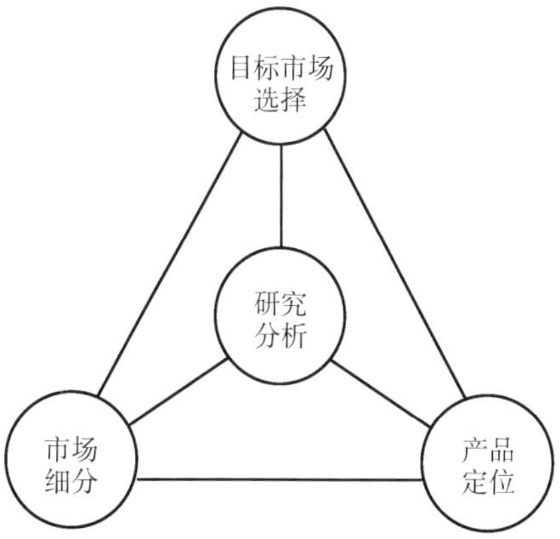

图 3-38 STP 分析模型

企业面对着成千上万的顾客，他们的消费心理、购买习惯、收入水平和所处的地理环境、文化环境等都存在着很大的差异。对于这样复杂多变的大市场，任何一个企业，不管它的规模多大、资金实力多雄厚，都不可能满足市场上全部顾客的所有需求。在这种情况下，企业只能根据自身的优势，从事某方面的产品开发和营销活动，选择力所能及的、适合自己经营的目标市场，开展目标市场的开发设计活动。

STP 是一种目标营销，是企业根据一定的标准对整体市场进行细分后，从中选择一个或多个细分市场作为自身的目标市场，并针对目标市场进行市场定位。在具体过程中，市场细分包括确定市场细分因素、描述市场细分特征；目标市场选择包括评价各细分市场和选择目标细分市场；市场定位主要为各细分市场定位，同时向市场传播和送达市场定位信息。市场细分不是根据产品品种、产品系列来进行的，而是从顾客（指最终顾客和工业生产者）的角度进行划分的，是根据市场细分的理论基础，即顾客的需求、动机、购买行为的多元性和差异性来划分的。市场细分对企业的生产、营销起着极其重要的作用。

4. 指标综合方法——全排列多边形图示指标评价法

设计评价往往是针对多目标（如环保、易用性、美观、成本等）进行的评价行为。全排列多边形图示指标评价法设计共有 N 个指标（标准化后的值），以这些指标的上限值为半径构成一个中心 N 边形，各指标值的连线构成一个不规则中心的 N 边形，这个不规则中心的 N 边形的顶点是 N 个指标首尾相接的全排列。综合指数则为这种不规则多边形面积与中心多边形面积的比值。

例如，为了评价新款透明鱼缸的设计（图 3-39 的透明鱼缸支持水生植物、陆生植物和鱼的共生，可挂在办公室或居家的墙上），假设主要评价指标有六个方面：易用性、美观性、功能性、价格、工艺易实现性和环保性。每项指标作为一个坐标方向，设定满分 M 分（通常 M=5 分，对应于很差、较差、一般、较好、很好五个模糊评价等级），每个指标通过调研和集体评价，统计后根据具体情况赋值为 1 ~ M 之间的某个整数值。如设计定 M=5，则各项指标赋值为：易用性为 5 分、美观性为 4 分、功能性为 3 分、价格为 4 分、工艺易实现性为 5 分、环保性为 2 分。那么该方案的最后综合评价的指标值即为图 3-40 中灰色部分面积与整个正六边形的面积之比。

图 3-39 透明鱼缸

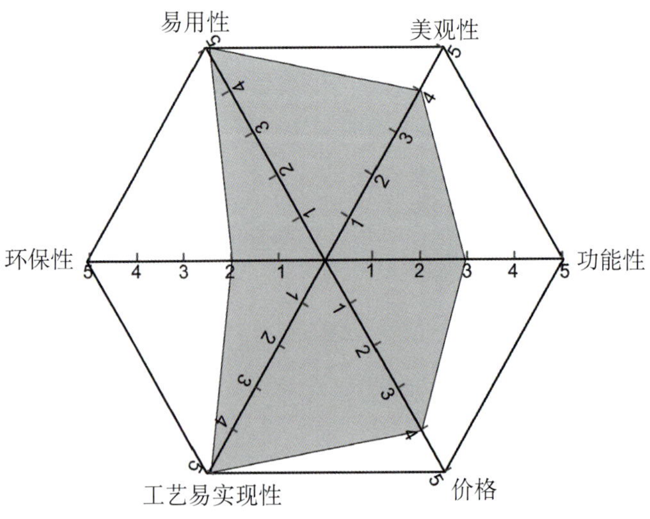

图 3-40 全排列多边形图示指标评价法示例

3.4.5 产品测试与市场推广

产品模型或样机完成后，要求进行最终的项目评审。产品设计最终评审关系到是进行产品量产上市还是进一步改进设计方案。产品开发设计最终评审方法一般是将所有设计图纸、文件、产品模型和样机都拿出来，邀请企业高管、设计部门、市场部分等相关人员去共同讨论决策。一旦评审通过，设计阶段即将结束，接下来就需要投入批量化生产和推向市场。

一、产品测试

产品经过开发阶段之后，必须就其功能、使用方式、性能、安全性、用户满意度等多个方面的指标进行测试，收集测试反馈回来的信息，对不良因素进行修改完善后再推向市场。产品测试是通过让潜在的最终用户或目标市场对目标产品使用或模拟使用一段时间后，征求他们对产品的真实评价和反馈，以检验产品与现实市场和开发设计目标之间的差距，为进一步改进和完善产品提供有力的依据。一般来讲，新产品需要经过多轮测试，不断修订和完善各项指标后才能大批量生产和投放市场，这样才能有效避免质量和市场风险。测试目标通常有履行设计目标、了解用户使用产品的方式、了解用户对产品满意或不满意的地方、发现产品的不足、获取改进产品的设想、核对设计目标和要求。

二、模具开发、生产与销售

模具开发在产品生产中占有举足轻重的地位。大批量生产的产品各部件，绝大多数是由模具成型。合理的模具开发，有助于提升产品的开发质量，降低开发成本，缩短开发周期。

产品进行正式投产前，其准备工作包括开发模具、设备安装、生产计划的制订（有时与订单有关）、印制标签及产品说明书、设计和生产产品包装，还需要协调人员及设备管理，制订质量标准，检验并确认产品。

在生产环节，设计师需要协助工厂组织生产，优化生产工艺，解决生产中出现的问题，改进工艺设备。同时，通过网络、广告、参展等方式进行营销宣传，最后投放市场。

产品投放市场也是一个产品开发的推广过程。市场推广与企业品牌战略和商业模式密切相关，往往需要通过专业的营销团队和销售渠道完成。

第四章

产品开发设计案例解析

4.1 可持续整体厨房系统开发设计

本产品设计项目由湖南科技大学中小型机电产品工业设计中心在广东“中国厨房”产业设计联盟和湖南嘉宝家居有限公司的资助下研发完成。项目面向生活方式的发展趋势，在研究厨房基本户型布局、用户需求与操作流程、产业模式的基础上，结合可持续生产与消费者的需要，开发设计的可持续整体厨房系统。

2010 年开始，中国已经成为仅次于美国的全球第二大厨房家具消费国，并以每年超过 30% 的增幅发展。根据奥地利百隆公司的统计和研究，一个厨房的平均使用年限为 20 年，远远超过了汽车、家电、电脑和其他日常用品。用户在购买厨房家具时会仔细考虑家庭的发展和各种需求，厨房是家庭生活的中心，是家庭生活最忙碌的地方；用户每天在厨房逗留的频率相当高，厨房家具的品质直接影响到整个家庭的生活品质，甚至左右着整个家庭成员间的和谐关系与发展。在家庭装修的过程中，从客户投资和设计团队的工作两方面来看，厨房都占据着重要的位置。如何将厨房设计得生机盎然，既满足用户在有限空间中的复杂行为需求，又满足资源的节约和环境舒适，支持可持续消费与生产；同时，创造个性化和艺术化的高品质生活空间，加强家庭成员之间的协作与交流，让用户免去在厨房生活中的口角和摩擦，让家庭主妇享受惬意的生活方式并赢得他人尊敬，这也正是当前厨房设计师的社会职责和设计要求。

4.1.1 前期调研

通过搜房网，分别从长沙、广州按照楼盘的搜索热度（3 个半星以上），抽查 2014 年至 2017 年 50 个楼盘的 100 种户型中约 10 万套住房的厨房户型、面积、朝向、所占住房面积比等开展了调查分析。结果显示，长沙 5.5 ~ 6.9 平方米的厨房占有 82.86%，广州 5.5 ~ 9.4 平方米的厨房占有 80.80%，两个城市的主流厨房面积有所区别。

通过设计问卷，分别从用户的基本信息、使用与生活方式、态度（兴趣、期望）三个方面对用户进行问卷调查，并拍摄用户厨房操作过程，进行了用户需求分析。调研结果显示，约70% 的用户采用 L 型厨房，用户使用过程中的主要意向或问题有：厨房面积太小，理想中的厨房面积是 10 平方米；台面过高，操作不太便捷；最大的问题是油烟问题，油烟很难清洁；抽油烟机的噪声太大，影响心情；厨房太热，如果有空调更好； 收纳最难的是蔬菜、筷子、砧板等。

4.1.2 产品分析

一、整体厨房水平和垂直布置方式

在整体厨房中，厨房水平布局的合理性至关重要，这也是优化用户在厨房中的行走路径和行为流程，实现设计人性化的关键。据调查统计，在一个四口之家的厨房里，平均每天在各个厨房区域之间的转换约为 100 次。在厨房区域里发生的动作约为 50 次，操作不同的电器约 30 次，仅仅开合柜门、抽屉的次数约 80 次。

在通常的水平布局设计中，将厨房功能整合为 5 个区域，即食品储备区、厨具存放区、清洗区、准备区和烹饪 / 烘烤区。在智能厨房中，不同的厨房平面布置（如单列形、双列形、L 形、U 形和岛形厨房），5 个功能区的布局也是不同的。根据奥地利百隆公司和德国海蒂诗公司对智能厨房的研究结果表明，5 个功能区按照如图 4–1 中 A、B、C、D、E 的方式规划布局，能最大限度地优化右手用户操作流程，实现使用人性化。

在垂直方向的布局设计中，一般按物品的使用频率分段贮存。在厨房操作中，许多操作都涉及储存物的拿取。为了确保能快捷、舒适拿取储存物，必须将它们摆放在厨房的合理区域。一般情况下，经常使用的储存物放在直接位于工作台下或上柜第一层的抽屉里，以便于快速、方便地取放。相反，极少使用的储存物则摆放在下柜的最下层或上柜的最上层，这样的摆放方式可以节约厨房操作的时间。（图 4–2）

图 4–1 智能厨房不同平面布置中 5 个功能区的水平布局示例

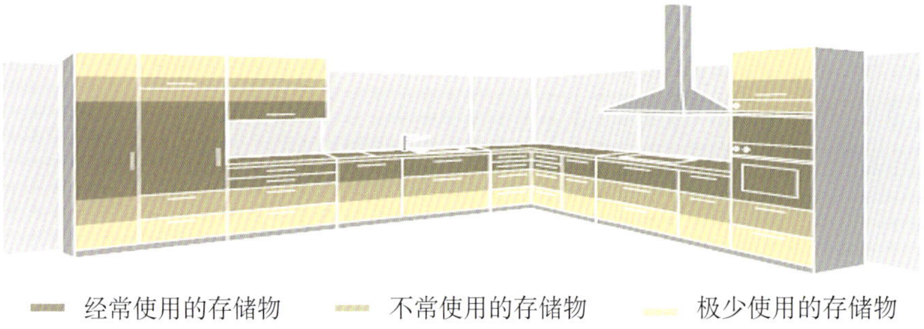

图 4-2 智能厨房按物品使用频率分段贮存的水平布局示例

二、厨房工作的基本流程分析

厨房是住宅中供用户进行炊事活动的空间，从服务的角度来看，它根据人们烹饪的习惯与程序，将一系列功能按照人机关系组合，支持用户完成洗、切、烧、存储等一系列的烹饪行为。研究用户在厨房中的操作流程与动作线路对厨房空间布局与安排具有重要意义。厨房的操作流程与生活方式、饮食习惯密切相关，我国的家庭基本以中餐为主，厨房的作业流程大致相同。一般认为，厨房作业中依次包含着下列操作：存取生食、选拣与洗涤、切削加工、配菜、烹饪（蒸、煮、烤等）、配菜、用餐、餐后处理（储藏、清洗、消毒、垃圾处理等），在完成这些工作的同时，与之对应的厨房家具和设施涉及台面、冰箱、储藏柜、水池、炉灶、各种烹饪工具与器皿、餐具、垃圾桶、电饭锅、微波炉、烤箱等。具体的操作流程如图 4–3。

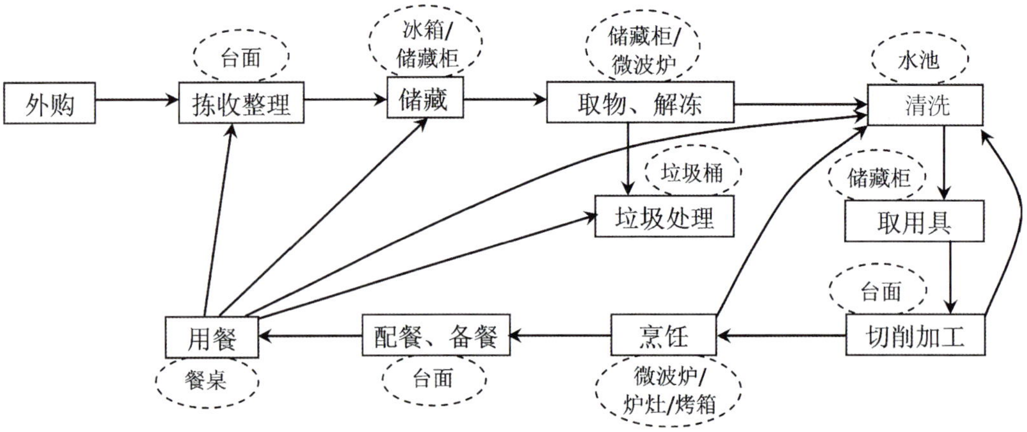

图 4-3 厨房基本操作流程

三、厨房系统设计中的人机关系研究

厨房家具在人类居住生活空间中使用非常频繁，适合的人体工程学尺度是厨房家具设计科学性和交互友好性的关键。

在厨房中，合理利用人体工程学的规律进行设计，可有效减少用户弯腰、屈膝、抬肘、踮脚等运动，对用户健康具有重要意义，为了避免这些操作运动，可将最常用的物品放置在腰部以上、肩部以下的区域；而不常用的物品，则放置在较高或较低的区域。同时，不要将重的物品放置在难以触及的地方，如放在肩膀以上的区域就难以操作。较重的、不常用的物品应存放在地柜中最低的位置。（图 4–4、图 4–5）

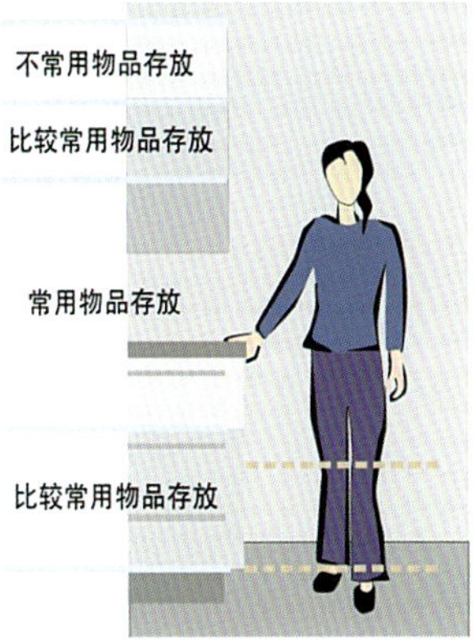

图 4-4 物品放置适宜的高度位置

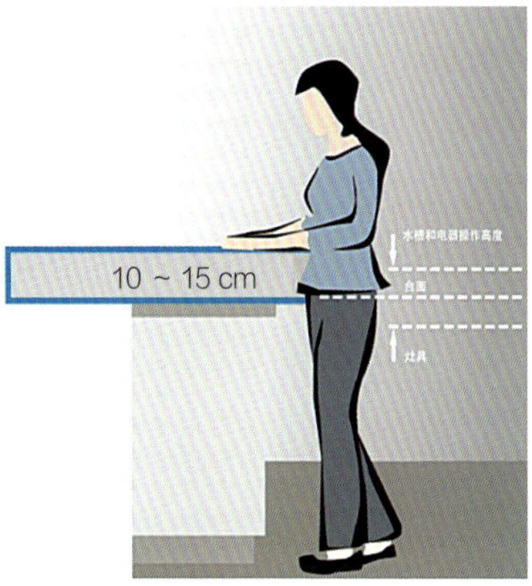

图 4-5 操作台面适宜的高度位置

图 4-6 模块化厨房

图 4-7 整体化厨房

四、厨房系统的结构方式

从组成方式来看，厨房系统的结构方式主要有模块化厨房和整体化厨房。

模块化厨房的设计思路是灵活多变的，相对于整体化厨房而言，具有自由组合的优势。例如，模块化厨房的家具可以移动，形成不同的组合，放置在不同的位置。但模块化厨房也存在明显的不足，如液体泄漏和渗透会导致橱柜边缘翘曲，产生霉菌和污垢。整体化厨房的所有功能都是在一条线上，形成一个完整的工作区域和统一的外观形式。整体化厨房在防止渗漏方面具有优势，但其缺乏布置和使用过程中的灵活性。（图 4–6、图 4–7）

从橱柜与地面接触的方式来看，厨房系统的结构主要有三种方式，即与地面接触的橱柜、有腿支撑的橱柜、悬挂的橱柜。三种橱柜具体优缺点的比较如表 4–1 所示。

表 4-1 三种橱柜优缺点比较

序号	类别	优点	缺点
1	与地面接触的橱柜	看不到有污垢的地方，可以使用操作台面以下的每一寸空间，安装洗碗机很便捷	即便你看不见污垢，它却存在于厨房板面和地面垂直的缝隙中，这些地方很难清洗，并且不能给厨房带来真正意义上的干净
2	有腿支撑的橱柜	清洗厨房的地面会很便捷，可免于霉菌滋生，橱柜看起来更加舒适优雅	橱柜底部与厨房地面相隔 60 cm，减少了橱柜内部的可用空间。安装洗碗机不太方便
3	悬挂的厨柜	橱柜与地面巧妙地分离了，给用户带来轻盈的感觉，清洁厨房地面很便捷，有利于提高地暖的使用率	橱柜内部储物空间有限，在选择购买洗碗机或者其他厨房用具时会受限

4.1.3 设计理念分析

一、可持续设计

可持续设计（Design for Sustainability，简称 D4S）旨在减少产品（包括能源消耗）在其整个生命周期内对环境造成的影响。在许多发达经济体中，D4S 不仅指绿色产品的设计，还包括使用这些产品的可持续行为方式和可持续产品服务系统的创新。D4S 通过技术支持，系统考虑产品的环境影响、经济影响和社会影响，支持用户的可持续消费模式，从系统层面为用户创造基于使用的幸福，而不是传统的基于产品的幸福。

二、基于用户行为过程的可持续设计

传统绿色产品设计通常采用外部视角，将“人”独立于产品之外，单纯从产品本身的材料、结构、能耗等方面来思考产品的“绿色性”。而从用户行为的角度来实现系统的可持续，是采用内部视角，将人看成是生态链中的一个要素，将人、产品、环境作为一个封闭式循环系统来考虑，用户行为驱动这个封闭系统中物质的动态循环，实现产品功能，满足用户最本质的消费需求。

不可持续的用户行为将产生大量的资源消耗和污染。用户行为具有两种基本的属性，即从时间维度来看，行为表现为时间轴上的过程；从空间维度来看，行为存在于特定的情境，处于某种自然、社会和技术环境中。在设计中对用户行为进行分析，有利于从行为存在的背景和包含的过程中探索可持续性形成的机理。基于行为过程的 D4S，要实现两个方面的平衡：一是尽可能有效地利用资源；二是尽可能适应现有的行为模式，可持续行为必须简单，并渗入人们的日常生活中。

在过去数十年，多种设计运动都在引导用户选择可持续性消费模式。但可持续性消费并非简单地减少消费，如果以牺牲用户的使用幸福和愉悦性体验来支持可持续性消费，是难以长时间维持的。D4S 需要基于用户的行为过程来系统解决复杂问题，既能最有效地利用资源，实现资源之间的自循环，又能为用户创造基于使用的幸福，提高用户的生活品质。

三、基于产品生命周期的可持续设计

产品的生命周期是一个极其复杂和开放的过程系统，一般包括原材料的获取阶段，产品的设计、规划与生产制造阶段，产品的销售分配阶段，产品的使用阶段，产品的维护和服务阶段，废弃淘汰产品的回收、处理及重新利用阶段等（图 4-8）。产品要能顺利地生产制造，在市场竞争中获得成功，在用户的使用过程中合理，并最终有效回收，顺利完成其生命流程，实现其本质意义，设计师必须

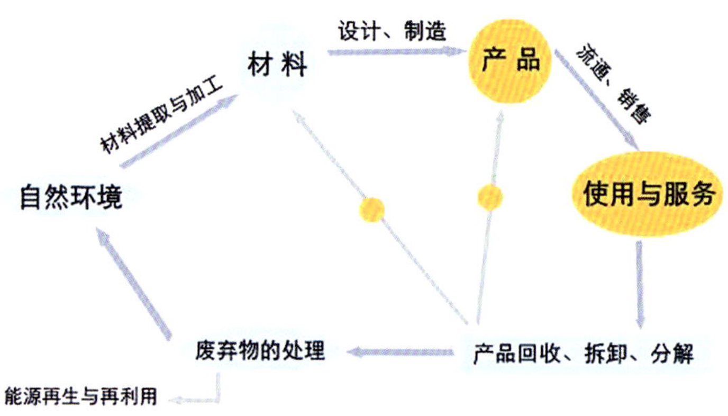

图 4-8 产品生命周期图

系统规划产品的整个生命周期。在产品开发初期就要有一个明确的战略指导思想，让产品开发设计在一开始就有正确的方向，如支持产品的可重复利用、可拆卸性、可回收性、可再生性等问题。

从产品生命周期图可以看出，产品的生命周期是一个闭路循环结构，产品正是在流程中与人和环境发生着有意义的联系，如通过营销者在市场环境下将产品转化为商品，使用者利用产品在家庭中创造合理的生活方式，而回收者通过对废弃产品的整体回收和拆卸回收，将产品转化成可再生利用的资源，通过制造者或营销者又形成新的产品，产品的功能正是在人、产品、环境相互作用和协调的过程中实现的。

4.1.4 设计方案一：基于用户全行为过程的可持续厨房系统设计

一、用户行为过程的区域整合

有限空间和复杂行为是厨房设计面临的核心问题。为了优化用户在厨房中的操作过程，提高操作效率和人性化，在厨房布局设计中，通常需要对用户行为过程进行区域整合，从行为发生的空间维度来研究用户行为在时间维度的特征。厨房系统中的家具、电器和水池等根据用户行为过程分区布置。不同厨房区域的操作行为如表 4–2 所示。

表 4–2 不同厨房区域的操作行为

分区	操作行为
食品储备区	存取各种食品，如罐头、米、面等，也包括冷冻食品
厨具存放区	存取各种器具，如炊具、餐具、玻璃杯、刀叉等
清洗区	清洗待加工食品和炊具
准备区	烹饪前的加工和餐前准备
烹饪 / 烘烤区	如煎、炒、烹、炸、炖、烤等

二、全行为过程驱动的区域生态链构建

厨房区域是根据用户行为来规划和布局的。理想的可持续性系统是将输入流（资源）与输出流（废弃物）连接，形成一个闭环系统，不浪费任何资源，一切均可回收利用。这种设计策略意味着要尽量支持厨房中各个行为区物质资源之间的循环再生，减少有害物质进入环境中，这就要求在用户的行为过程中，实现厨房能源的自循环。在具体的设计中，采用了如下方法：

1. 食品储备区：尽量采用生态方式冷藏和保鲜蔬菜、水果及酒类，在最大化减少用电的同时，通过纯天然方式保鲜，尽量减少食源性疾病。例如，可采用传统的泥土水分蒸发制冷，所需水可来自清洗区回收的水，泥土中还可以种植合适的植物。

2. 厨具存放区：采用可回收利用的材料，便于产品的维护和回收。

3. 清洗区：尽量区分出“脏”水和“干净”水，脏水向下水道排放，干净的水要能够方便回收，可用于蒸发制冷和种植。

4. 准备区：尽量将产生的果皮、摘除的蔬菜等植物型废料集成和回收利用，如发酵处理成肥料，为家庭种植提供养料。

5. 烹饪 / 烘烤区：尽量能将烹饪过程中产生的二氧化碳等有机气体吸收转化，如被

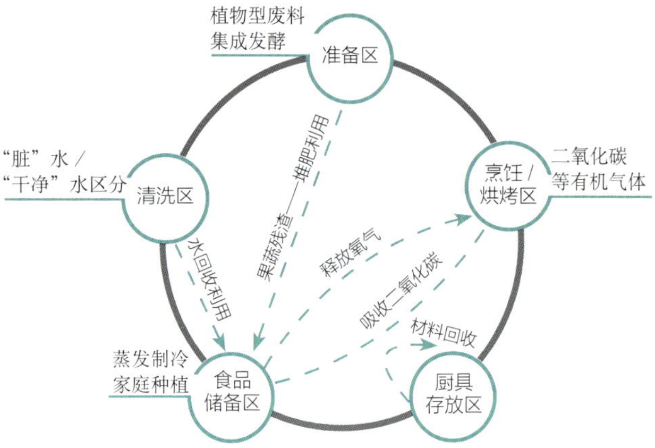

图 4-9 厨房用户全行为过程驱动的生态链

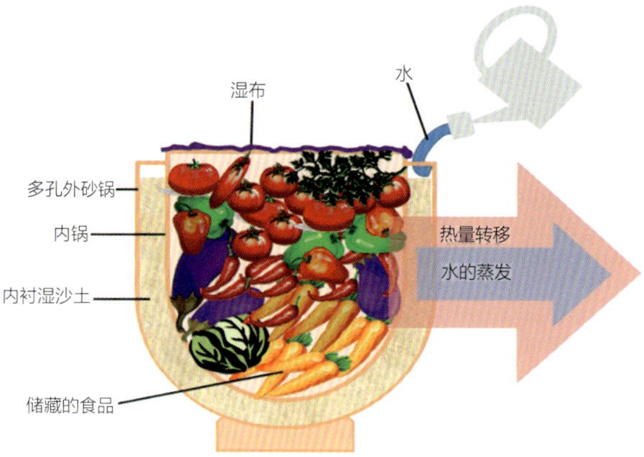

图 4-10 "瓮中瓮"冷藏箱结构及制冷原理

家庭种植吸收转化，再释放出新鲜的氧气。

在用户行为的驱动下，厨房使用的全行为过程中可实现不同区域物质资源的循环利用。以厨房区域为节点，节点间的物质循环关系为带标示的有向边（弧），构建出整个厨房生态链的运转模型。

在整合的厨房生态链中，将食品储备区、厨具存放区、清洗区、准备区、烹饪 / 烘烤区重组为一个通过用户行为驱动的闭环转化链，在这个可持续的循环系统中，可实现尽可能多的自然资源循环和再生。（图 4–9）

三、蒸发制冷式食品存储柜的导入

在厨房生态链模型中，食品储备区是促进厨具存放区、清洗区、准备区、烹饪 / 烘烤区等行为区域物质循环的关键节点。食品储备区的关键是，对储备的食物具有制冷、保湿、保质等功能。在构建的生态链模型中，食品储备区导入了传统的"瓮中瓮"冷藏箱，该冷藏箱是一个蒸发冷却系统，其结构和制冷原理如图 4–10 所示。

此冷藏箱采用三层结构：多孔的外砂锅、内衬湿沙土和内锅（可上釉或采用水泥材料，以防止液体渗透，锅内放置食物）。在工作中，冷藏箱只需要处于相对高温、干燥、通风的外部环境（能促进水的有效蒸发）和定期加入适量的水，通过内衬湿沙土中水分的蒸发吸收内部的热量，就能起到制冷和保湿的效果。驱动冷却过程的水可以是非饮用水，如厨房清洗蔬菜用过的可回收水等。"瓮中瓮"冷藏箱采用的是纯天然方式延长食物保鲜时间，可在节省能源消耗的同时，有助于减少食源性疾病，便于用户在蔬菜和水果成熟的季节，存放丰富的食品，既能减少食物购买频率、节约采购成本，还有助于丰富食物品种。

四、"瓮中瓮"生态储存柜设计

借鉴"瓮中瓮"冷藏箱的蒸发制冷的冷藏方式，考虑和整体厨房的融合，在厨房中设计一个集食品储存和种植于一体的地柜（图 4–11）。该储存柜与通常使用的冰箱储存方式相比，添加了沙土、种植等要素，不需要使用电能，重复利用可再利用的水和果蔬残渣发酵形成的肥料。具体设计如下：

图 4-11 “瓮中瓮”生态储存柜

1. 柜体顶部种植花草，沙土里可以埋藏土豆、生姜等，接受来自清洗区可再利用的水、准备区果蔬残渣发酵形成的肥料。

2. 柜体中部（抽屉）即食品储备区，用于储存水果、蔬菜、鸡蛋、葡萄酒，甚至药品等需要恒温或保湿的食品。

3. 隔层（抽屉与柜体外层之间）放入湿的沙土，通过水分的蒸发对抽屉进行保温、保湿，抽屉内的温度可长期保持在 12℃ ~ 20℃。

其他行为区域及整体布局设计。

1. 厨具存放区采用 Phonotherm200 保温防潮板，它完全由保温工业废弃材料加工而成，可重复利用，不含甲醛。

2. 清洗区采用双孔循环盆，一孔向下水道排放污水，另一孔方便回收利用清洗果蔬等产生的可再利用的水，用于花园式储存柜中的蒸发制冷和种植。

3. 准备区导入果蔬残渣处理器，将植物型废料（如水果、蔬菜废料等）集成、发酵处理成堆肥，用于花园式储存柜中的种植。

4. 烹饪 / 烘烤区通过花园式储存柜中的种植吸收烹饪过程中产生的二氧化碳。

厨房系统整体采用 L 形布局，适合不同户型的厨房应用。用户在食品储备区、厨具存放区、清洗区、准备区和烹饪 / 烘烤区厨房全行为过程中，厨房中液态、气态和固态资源的循环利用方式如图 4-12 所示，厨房布局后的整体效果如图 4-13 所示。

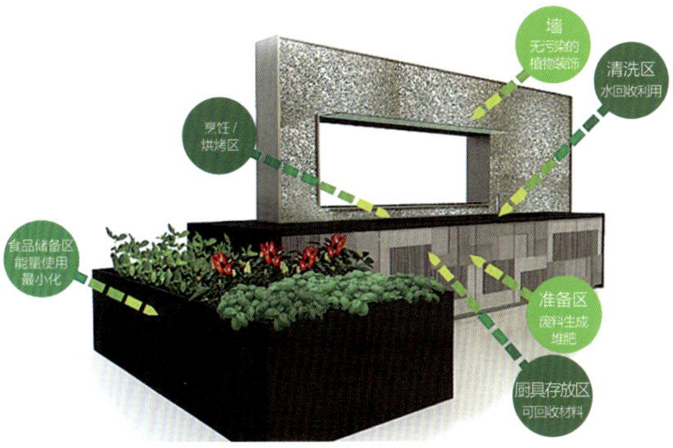

图 4-12 可持续厨房系统中的资源循环示意图

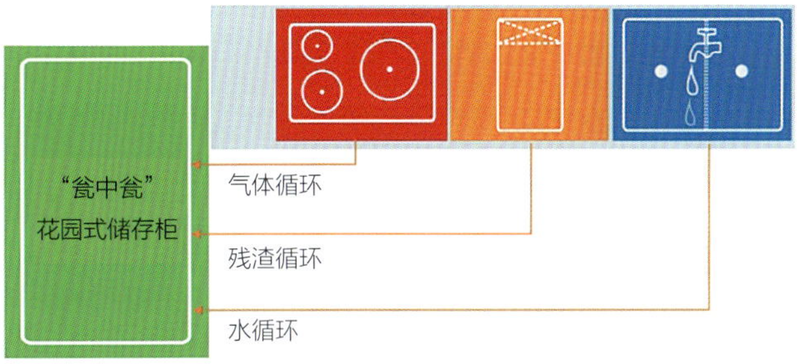

图 4-13 可持续厨房系统的整体效果

4.1.5 设计方案二："树形"可持续厨房系统设计

一、橱柜产品的生命周期现状

在国内的大城市里，橱柜的拥有率已经相当高了。那么，住宅和橱柜都存在着使用寿命的差异。我国的建筑寿命一般为 50 ～ 70 年，而一套优质的厨柜在干燥通风、保养良好的厨房环境中，使用寿命一般为 15 ～ 20 年，也就是说平均每套住房在其使用年限内要更换 2 ～ 3 套橱柜。同时，当今我国房价普遍上涨，在经常搬家和换房子的"移动式生活"中，橱柜的更换和不可搬运成为橱柜产品不可持续的一大难题。

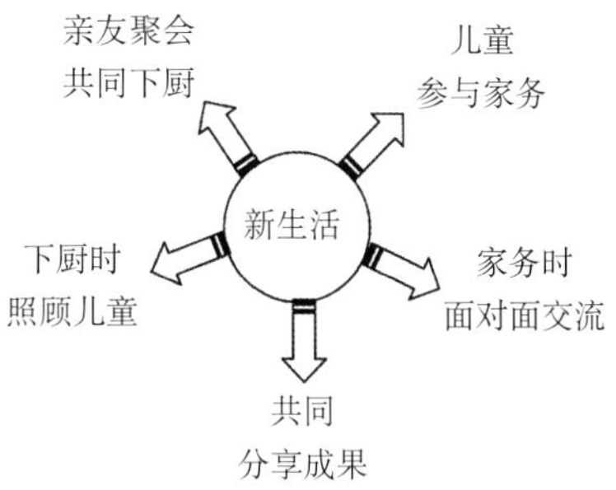

图 4-14 厨房新生活方式图解

二、新生活方式的构建

节假日时，亲朋好友之间的聚餐和一边下厨一边照顾小孩学习与玩耍等，这些都是典型的中国家庭生活方式。倡导所有成员共同参与厨房劳动、共同分享、和谐交流的厨房新生活方式是未来厨房的价值取向，也成为橱柜设计的一大突破口。（图 4–14）

三、"树形"模块化厨房结构设计

"围"一直是传统厨房的理念，便于成员之间面对面的交流和互动。"围"的理念传递是一种增进情感、表达情感的特殊方式。将"围"的理念融入现代厨房中，有利于增进人与人之间的情感交流。

借鉴传统的以"树"为中心的人际交流和餐饮方式，改变了西方现代整体橱柜横向布置的形式，从中国传统动态空间的思维角度重新定义了功能分区。以"树干"为厨房中心支撑轴，其上安装有支撑各功能模块的"树杈"，将原本厨房的各大功能区分别以模块化的方式呈现（图 4–15）。每个"树杈"底部安装有特定的螺丝，用于固定各大功能模块（图 4–16）。各区域有机交融，人、产品和环境高度融合。水管、电路、油烟机管道分别隐藏于"树干"之中，"树杈"为空心结构，可根据用户需要旋转。"树形"厨房从纵向空间动态定义和布置整体厨房的各大功能区，各模块造型方圆结合，与"树形"一起形成了文化与生态的融合。

四、产品和生活方式的可持续设计

"树形"布置的旋转式功能模块、可扩展的学习和生活区域，为大家共同参与厨房劳动、下厨时照顾小孩的学习与玩耍等，创造了新的情感体验和幸福的生活方式（图 4–17）。"树形"厨房系统设计在生活方式上进行了可持续创新，以此提高产品市场竞争力，延长产品市场生命周期。

传统的橱柜产品一旦安装上就不易再拆卸，在搬家时很难一同搬走。"树形"厨房系统的结构中，将橱柜设计成可拆卸的、方便搬运的模块结构。每个"树杈"和功能区板块都是标准化批量生产的，既提高了生产效率，又方便安装、拆卸和更换。在拆卸之后，既可以让企业工厂回收再加工，又能随着用户的需求而转移。在经常搬家和换房子的移动生活方式中，支持拆卸和搬运后的持续使用、旧物销售和工厂回收加工，可达到可持续的多选择封闭式循环系统，符合当前我国都市人的动态生活习惯。（图 4–18）

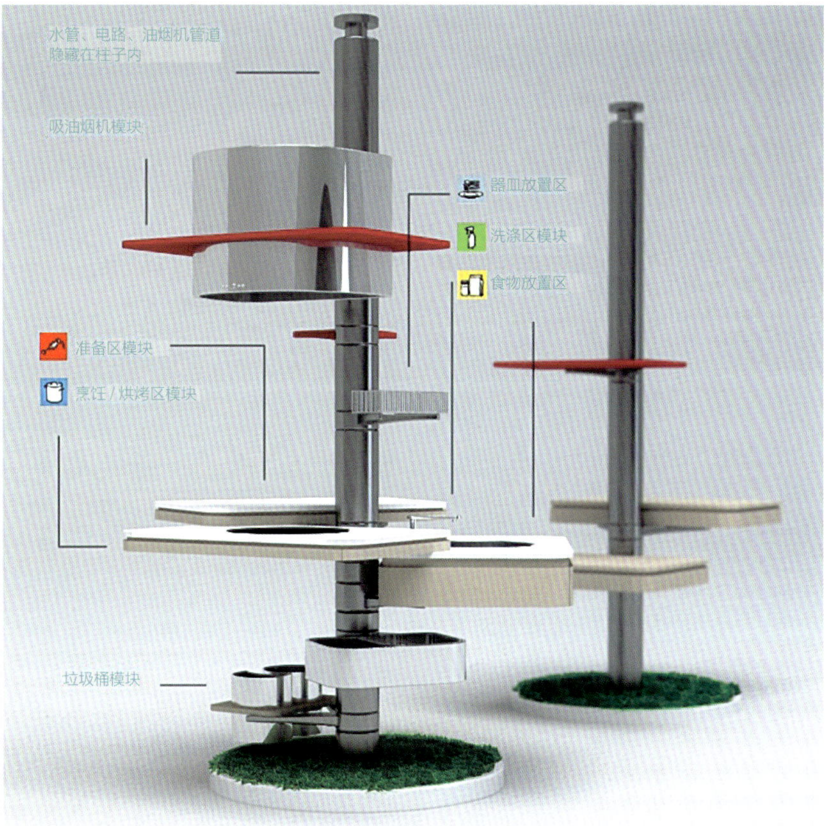

图 4-15 “树形”结构及功能区模块化布局

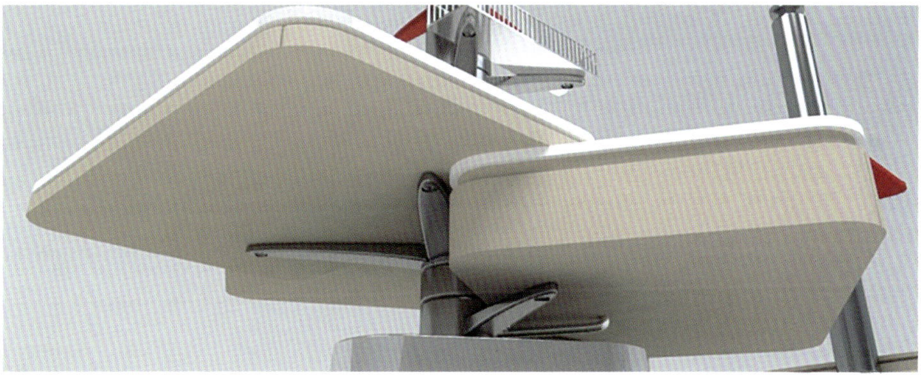

图 4-16 “树杈”支撑部分的局部结构

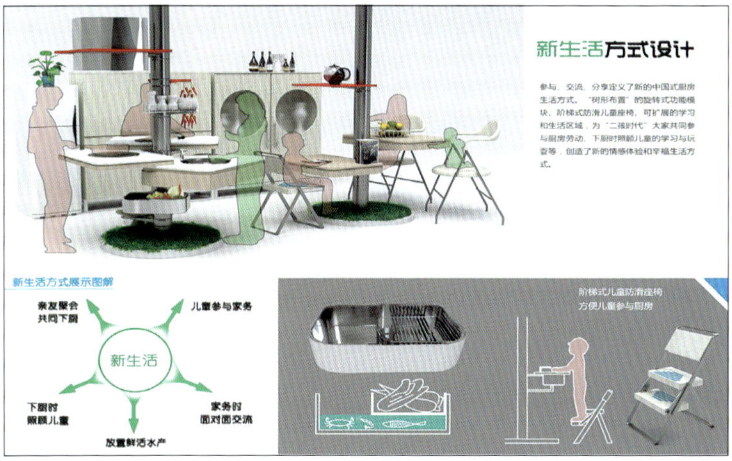

图 4-17 可持续的用户新生活状态

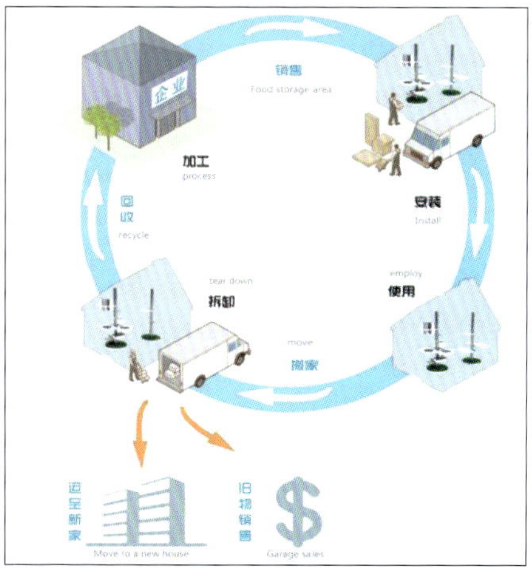

图 4-18 可持续的产业循环系统

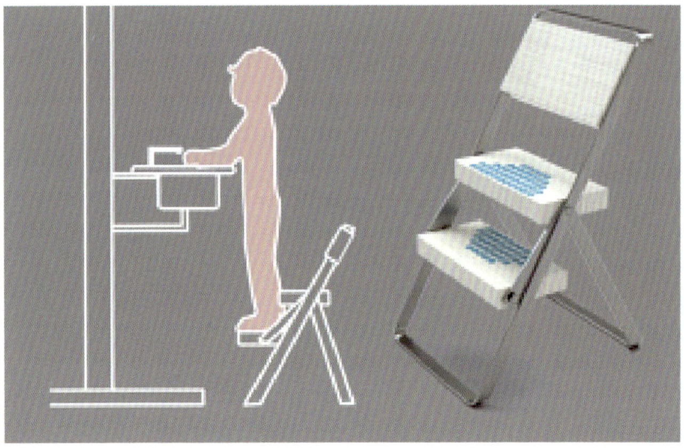

图 4-19 阶梯式儿童防滑座椅

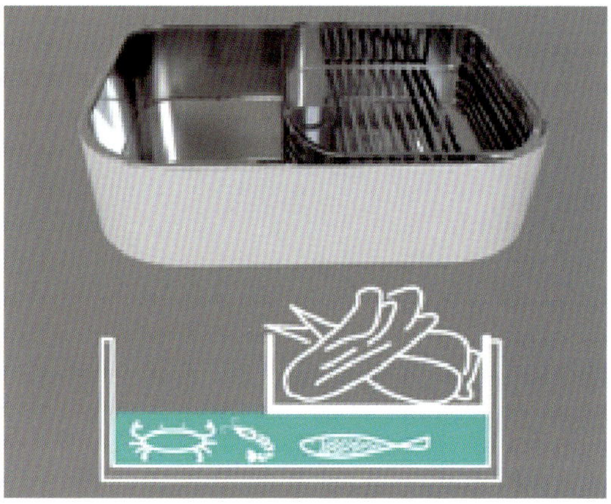

图 4-20 食材篮

五、其他细节设计

厨房系统中还配有满足儿童参与厨房家务劳动的阶梯式儿童防滑座椅（图 4–19），以及满足人们加工新鲜水产品与蔬菜的食材篮（图 4–20），既可满足用户的生活习惯，又符合用户行为流程及厨房人体工程学的要求。

4.2 PC 透明观光船开发设计

本产品设计项目由佛山顺德艾迪工业设计有限公司联合力伸制造共同完成。此项目通过工业设计公司联合 OEM 开发新产品，注册新的品牌——“奈斯科技”进行市场推广。塑料制品企业基于现有设备、工业和生产能力，通过引进工业设计进行产品差异化创新，从而解决传统塑料制件产能过剩，以设计创新驱动产业升级，可实行企业发展的战略转换。该项目产品获得了广东省第七届“省长杯”工业设计大赛产品设计奖。

此项目主要结合力伸制造在 PC 透明塑料制造工艺方面的技术优势，结合 PC 材料所具有的透光性、抗老化、耐温性、阻燃性、抗冲击性、轻便性等性能特点，瞄准国内外旅游市场迅猛增长，用户参与体验性休闲娱乐旅游产品需求量大的市场前景，通过 PC 透明观光船的产品开发设计项目，实现建筑用材向消费型商品的扩展，以解决 PC 材料在建筑领域面临的产能过剩、同质化竞争和利润低等问题。

4.2.1 设计要求与定位

一、产品功能结构信息概述

产品的材料为透明 PC，设计外观结构时需要充分考虑 PC 板材热压成型的工艺技术，产品功能结构详见图 4–21 所示的关键设计点。

1. 产品主要使用和体验特点：通过 PC 透明船体可以观看水底景色，

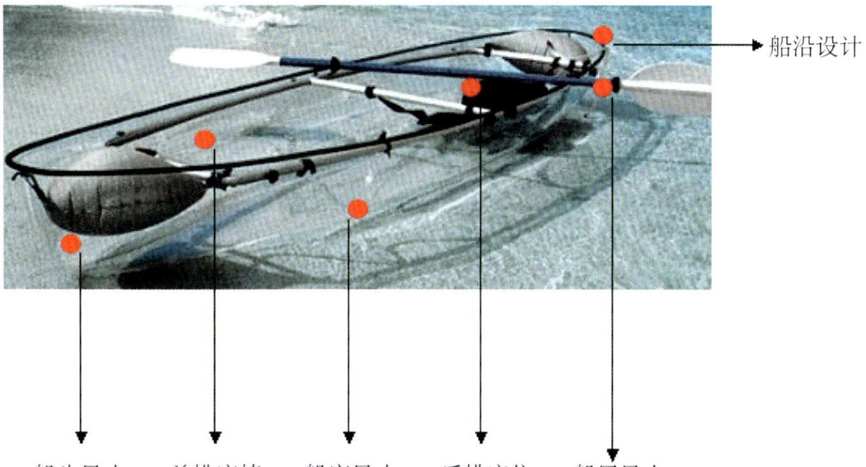

图 4-21 透明船基本结构

体验透明材料的滑行感受，人在船中如同在水上的特殊情境体验。

2. 功能和用途：海上或湖泊中游玩、垂钓、竞技比赛等。

3. 操作方式：划桨前行。

二、产品的尺寸规格和技术要求

产品的尺寸（长、宽、高）可参照相应的样品。产品的吃水量要达到能同时容纳两个成年人的体重，保证产品浮出水面的高度不少于整个产品高度的 1/3，尺寸参数参照现有市场同类功能产品的规格。

船体需配备两个座椅，前排座椅和后排座椅可以互换，需要考虑后续产品延伸时座椅的通用性。

产品底部设计要考虑导水槽和入水深度，确保正常运行时船体不会原地旋转，底部的造型需对航行起导向作用。此部分的设计可以参考相关文献或者游艇、水上摩托艇的造型设计。

三、新产品的设计定位

1. 产品主体材料为透明 PC，造型要满足 PC 板材热压成型的强度要求，外观干净透彻。

2. 使用场景为景区沙滩、公园湖泊、海滨、海上运动竞技等。

3. 在现有透明船基本功能不变的情况下改变产品造型。在同类产品中功能、导水性、耐久性等方面具有比较优势。

4. 造型新颖、时尚、简约，富有流线美。颜色、局部装饰及防撞橡胶需符合整体品牌形象，可以适当增加造型及点缀元素。

5. 消费人群为国内外旅游和户外运动（如垂钓、划船等）爱好者、高端消费人群等。

6. 销售渠道分两种，一种是通过运动用品销售、户外用品卖场、网购方式等；另一种在国内外旅游和娱乐场所，采取“定点投放，盈利分成”的方式。

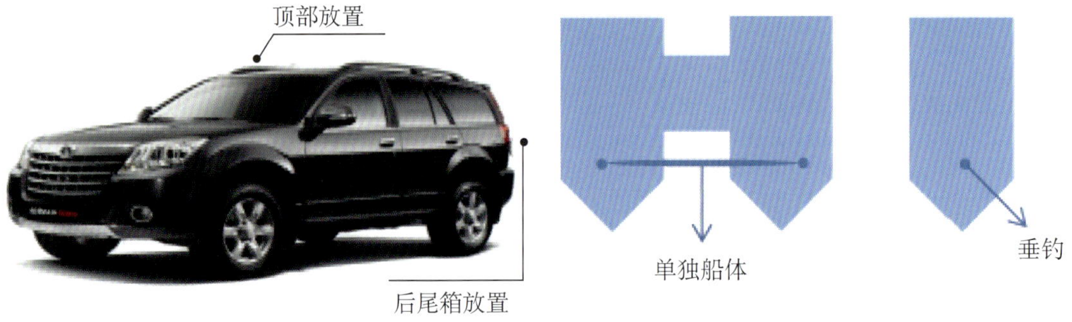

图 4-22 车载 SUV 系列船体结构

4.2.2 调研分析

一、产品规划分析

市场上现有产品线的分布主要有 4 大类型，即车载SUV 系列产品、搭载游艇系列产品、异型游船系列产品、观光船系列产品。

1. 车载 SUV 系列产品

其根据车顶尺寸规格设计的船体，不限定单人或者双人游船，产品需要考虑可左右拼搭在一起，可增加垂钓功能。适合于便捷外出搭载，专为 SUV 车载系列设计，设计元素源于汽车流行趋势，产品的尺寸规格介于车载尺寸范围内，船体可以左右拼搭成连体船。产品的用途可以为垂钓的专属品。（图 4–22）

2. 搭载游艇系列产品

可搭载多人同时乘船游玩，至少能满足 4 人乘坐，座位可以分两排并行布置。（图 4–23）

3. 异型游船系列产品

类似漂浮台，专门适用于游玩和休闲的产品。（图 4–24）

4. 观光船系列产品

专业用于多人观赏景色等的游船。

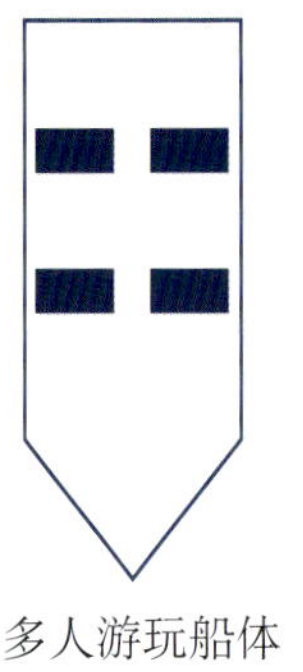

图 4-23 搭载游艇系列产品结构

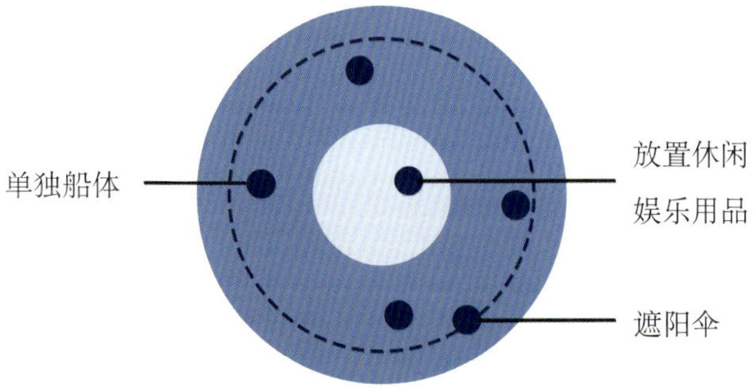

图 4-24 异型游船系列产品结构

二、现有同类产品对比分析

主要对现有观光船进行分析，发现 PC 透明观光船的比较优势、用户需求、性能要求和设计点。从材料和生产工艺来看，区别于 PC 透明观光船，对 PC 透明观光船形成消费市场竞争的产品主要有玻璃钢观光船、木制人力观光船、充气橡皮艇、小型游艇四类产品。对各类产品的分析如表 4–3 所示。

表 4-3 不同类别观光船的特点比较分析

序号	类别	一致性	优缺点与差异性
1	玻璃钢观光船（图 4-25）	驱动模式 船体吃水量 船体的使用环境 船体的载人量 导水造型走势 船体的平衡分析与设计 船体底部的强度设计 座位的参考位置	玻璃钢成型工艺需要的时间长，产品的精度尺寸较差，产品的强度不稳定
2	木制人力观光船	驱动模式 船体吃水量 船体的使用环境 船体的载人量	主要适合短距离滑行，船体较重；船体的材质性能较差，使用寿命较短；船体材质对造型创新具有较大约束性
3	充气橡皮艇	驱动模式 船体的使用环境 船体的载人量	船体材质与 PC 差异性大，船体的使用寿命较短，船体的造型特点具有特殊性
4	小型游艇（图 4-26）	造型特点 船体的线条走势 保护救生设施	与 PC 透明船的驱动方式不同，航行速度不同，排水容量等级不同，性能要求不同

图 4-25 玻璃钢观光船

图 4-26 小型游艇

图 4-27 用户使用和体验过程

三、用户使用过程和体验分析

根据用户使用方式，进行用户使用过程中的模拟体验，其使用过程主要包括搬运船只→登上船体→撑船离岸→驾驶／划行船只（一般含单人划行、双人划行和多人划行）→船只靠岸→相继离开船只等步骤，使用和体验过程如图 4–27 所示。

通过透明观光船使用过程与用户体验实验，观光船在使用过程中通常遇到的问题有：船体搬运困难，单人无法搬运；船体靠岸后无法固定在岸边；船体行驶过程中容易左右摇晃；船体座位使用过程中有异响；船桨容易溅水到船体里面；船桨在使用过程中容易脱落；船体缺少救生设施及设备；船底强度不够，人站在上面感觉比较薄。

四、材料加工工艺与表面处理分析

PC 透明板材具有良好的耐冲击性、透光性、耐候性、耐热耐寒性、轻硬性和可弯曲性的性能特征，具体性能描述如表 4–4 所示。

表 4–4 PC 透明板材的主要性能特点

序号	属性特点	性能描述
1	耐冲击性	PC 耐力板的冲击强度是普通玻璃的 250 ~ 300 倍，是亚克力板材的 20 ~ 30 倍，是钢化玻璃的 2 倍，几乎没有断裂的危险性，有“不碎玻璃”和“响钢”的美称
2	透光性	透光率高达 75% ~ 90%，其透明度可与玻璃相媲美。在阳光下曝晒不会产生黄变、雾化，使用十年后透光流失仅为 6%，PVC 流失率则高达 15% ~ 20%，玻璃纤维流失率为 12% ~ 20%
3	耐候性	表面有防紫外线的共挤层，可防止太阳光引起的树脂疲劳变黄，可保证在户外十年不褪色。在 −40℃ ~ 120℃的温度范围内可保持各项物理指标的稳定性

续表

序号	属性特点	性能描述
4	耐热耐寒性	在 -40℃ ~ 120℃的温度范围内不会引起变形等品质劣化。PC 板在 -100℃时不发生冷脆，在 135℃时不软化，在恶劣的环境中其力学、机械性能等均无明显变化
5	轻硬性	重量轻，同样大小型材只有玻璃的一半重、丙烯酸板的 1/3 重，具有良好的适应性和安全性，便于搬运、钻孔，截断安装时，不易断裂，施工简便
6	可弯曲性	可照设计图在施工现场采用冷弯处理，处理成拱形、半圆形等。最小弯曲半径为所采用板材厚度的 175 倍，亦可热弯

PC 透明板材具有良好的加工工艺性能，其加工工艺方式及特点如下。

(1) PC 板材切割加工工艺。引进先进的切割设备对 PC 板材进行精准的裁切与切割，可以根据要求裁切成不同的规格。

(2) PC 板材折弯加工工艺。通过对 PC 板材进行加热，利用凹凸模具进行压制成型以达到需要的模型及效果。

(3) PC 板材雕刻加工工艺。通过激光雕刻机对 PC 板材进行激光雕刻，从而达到需要的模型及效果。

(4) PC 板材黏结加工工艺。采用 PC 专用胶水对 PC 板材进行黏结，牢固、美观、不留胶印，适用于各种盒体、机械配套制件、工艺品等的制作。

(5) PC 板材表面处理方式。有 PC 板材表面贴膜、喷漆、喷 UV、涂层等处理方式。

五、设计方向总结

通过对现有产品、用户使用过程与体验、材料与生产工艺的分析，从八个方面提出了 PC 透明观光船的设计方向，具体设计切入点如表 4-5 所示。

表 4-5 PC 透明观光船的设计方向

序号	现有同类观光船弊端	PC 透明观光船的设计切入点
1	船沿设计强度缺陷	船沿强度设计
2	铝边框不美观，增加成本	救生，边沿防撞击设计
3	前后座位不舒适	前后座位设计
4	船中活动空间受阻	船体造型设计
5	船只底部强度不够	船底设计
6	底部设计达不到平衡要求	船底设计
7	救生设施不齐全	船头固定设计、船头造型设计
8	缺少储存随身物品（手机、水瓶等）的设施	储存方式设计

设计中座位固定方式通常有三种：直接增加座位靠板，扣于两侧船舷内部；透明座位 + 伸缩扣绳，安装于船沿外侧；可折叠座椅，铝型材 + 布套，安装于船底导水槽。

安全救生方式主要有两种：座位底部安装救生装置；船沿内部安装救生设施和防撞击设施。

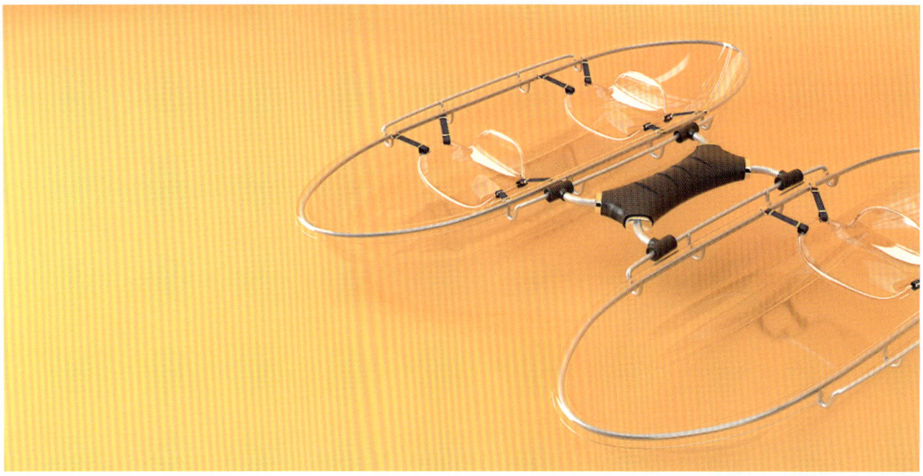

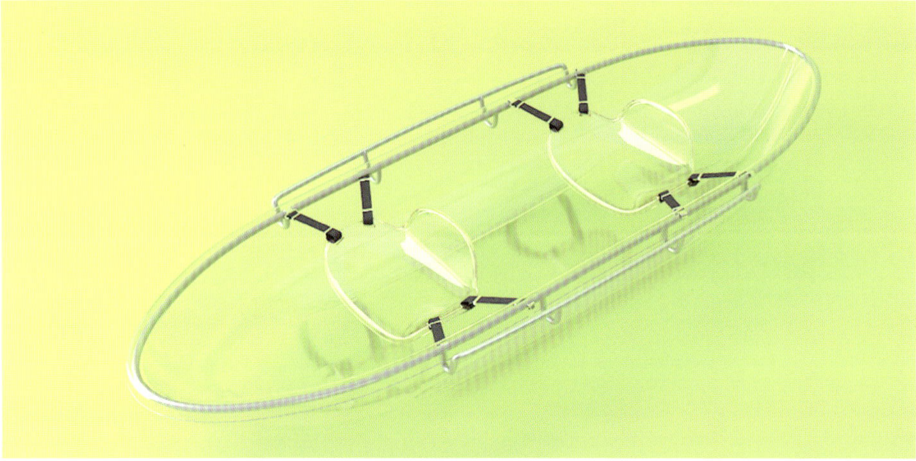

图 4-28 圆舭底 + 舭龙骨船型

4.2.3 方案设计

一、船型方案：圆舭底 + 舭龙骨

本船型方案采用圆舭底，其特点是舱室容积大、航行阻力小、稳定性高且为一体成型的制造工艺。同时考虑到此船型主要用于游玩，其载重低、平稳性要求高，所以在圆舭底船型的基础上增加了舭龙骨，其作用是增加船体横摇的阻力，减轻横摇的程度，是一种应用广泛的固定减摇装置。（图 4–28）

此方案还设计了便于搬运观光船的金属支架。金属支架安装简单，同时可用绳子系住扶手，方便停靠岸边，也可在金属支架上悬挂储物网。整体采用模块化设计方式，随着使用人数的增加，可将多只船体拼接，以实现多人共同使用。

二、船型方案：U 型舭底 + 舭龙骨

本船型方案在方案一的基础上进行了略微改进。将方案一的圆舭底改进为 U 型舭底，相对于圆舭底，该船型在船底增加了一个纵向突出，进一步提高了船体的稳定性和抗波浪性，以突出本方案对稳定性的要求，并适合车载方式搭载。正因为具有较高的稳定性，U 型舭底常被用于救生艇等稳定性要求高的船体。（图 4–29）

图 4-29 U 型舭底 + 舭龙骨船型

图 4-30 圆舭底 + 条纹沟槽船型

三、船型方案：圆舭底 + 条纹沟槽

本船型方案采用了条纹沟槽。条纹沟槽是一种应用广泛的减阻技术，其原理是通过将船体略微粗糙化来产生一定紊流，以减小水面对于船体的粘性动力和压力，从而减小船体表面的摩擦力。该方案降低了本项目的稳定性要求，增强了作为游船机动性的需求。（图 4–30）

4.2.4 测试与方案选定

设计师直接参与企业生产安装过程，配合企业进行不同产品方案的使用测试，并进一步完善方案。（图 4–31、图 4–32）

为了确保 PC 透明观光船在不同的水域条件下能够有更好的适应能力，以及更优良的乘坐舒适度和安全性，最终选定方案是在方案三的基础上，配备一系列经过详细设计的附件，最终产品如图 4–33 所示。

最终船型以整块国外进口的透明 PC 板材直接热压成型，船体透明性好，适用于各种水域的观光游玩。座位高度可调节，充分满足了不同年龄、身高人群所需。软垫的设计，提升了乘坐的舒适度。船头增加了安全气囊设计，在极端条件下，若船身意外倾覆，安全气囊可以保证船体不会下沉，同时，该气囊可以起到救生作用。安全气囊顶部固定设计方便放置水瓶、手机等随身携带物品。尾部增加了平衡及导水系统设计。船只配备了尾部平衡及导水系统配件，在有风浪的水面行驶时，可增加船只的平稳度，不易晃动。船体设计采取鱼身线条元素，优美灵动，它与一般娱乐观光船相比较，具备如下特点和优势：船体通透，在水质清澈的水域能直接看到水底，适合情侣、亲子等在水面观光游玩，

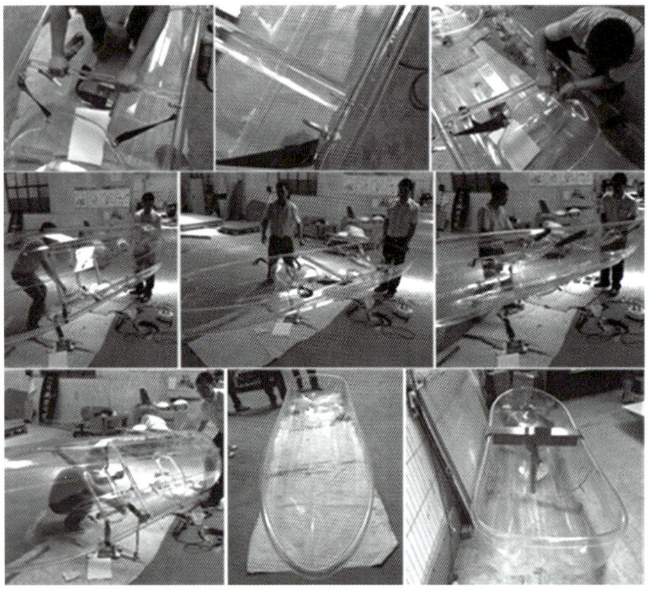

图 4-31 参与企业的生产安装过程

图 4-32 配合企业进行产品使用测试

图 4-33 最终产品

增加了游玩的乐趣和娱乐性；船体整块 PC 板热压成型，体积小，重量轻，一个成年男性就能搬运，方便户外旅行时携带使用；安全性强，船身周围用安全气囊包裹，可防止船只意外倾覆导致下沉；具备良好的人体工程学关系，充分考虑了使用者的舒适性；应用范围较广，商业渠道多样。它既可以适用于用户单独使用及家庭、朋友一起使用，也可以适用于河流、湖泊、海滨等观光景区租赁给旅客游玩，还可以适用于酒店大堂、婚庆公司等作为拍摄背景的展示道具。

4.3 医用吸奶器开发设计

本产品设计项目由佛山顺德艾迪工业设计有限公司联合汕头市星河电器有限公司研发中心共同完成。本项目主要结合汕头市星河电器有限公司在医用电动吸奶器方面的研发和技术优势，由佛山顺德艾迪工业设计有限公司提供的一款多功能医用电动吸奶器的具体造型方案设计。

4.3.1 项目任务与规划

一、设计任务书

本项目的具体设计任务如表 4–6 所示。

表 4–6 多功能医用电动吸奶器造型方案设计任务书

产品型号：（待定）	产品名称：多功能医用电动吸奶器（移动式）
版本号：A0	文件编号：XH–WI–R & D–7312–20140221001
设计委托部门：汕头市星河电器有限公司	设计委托日期：2014–02–21
设计承担部门：佛山顺德艾迪工业设计有限公司	完成日期：2014–03–21
产品造型方案设计委托说明：无	
使用对象和市场定位	1. 医疗系统客户； 2. 对吸奶器有更高要求的消费者； 3. 对吸奶器有医疗认证要求的国外客户。
外观风格要求	1. 整体 ①大方、简约、高档次，具备医疗器械工业品表现出来的整体豪华感； ②组合式设计，要求设计主机的造型和功能推车（或推架）的造型，推车上放置主机。推车可以 360° 自由推动，主机与推车牢固连接且可自由装卸； ③主机为便携式设计，可移动至其他台面上单独使用，考虑方便移动的提手或其他合理化的设计。 2. 配置 ①配备两套三通吸取器，主机与三通吸取器一体化设计； ②可拆卸 AC 电源插座 1 个，吸奶出气孔插孔 2 个，热敷功能 DC 电源插座 2 个； ③采用现有“2206 一体化三通”作为吸取器，气管接头借用 2201。 3. 操作面板 ①大液晶屏显示，对应操作面板的功能操作符号化，显示对应设计； ②操作面板由轻触按键控制，按键功能设置：“开关”“开奶”“热敷”“催乳”“吸奶”“速率”“强度”“+”“–”和“单 / 双边选择”，要求设计符号化； ③液晶内容设计：显示内容清晰、简洁、大方； ④方便产妇操作。 4. 提供至少 3 种设计方案和 3 种配色
尺寸要求	1. 主机（不含支架，不包括把手高度）尺寸约（长 × 宽 × 高）30 cm × 20 cm × 15 cm 2. 推车的尺寸约（长 × 宽 × 高）50 cm × 40 cm × 75 cm 3. 三通吸取器和气管接头按设计公司提供的 3D 图，热敷配件由设计公司提供图片
材质要求（技术规格）	主机采用 ABS 材料，推车采用 PP、ABS、PA、不锈钢或者铝合金材料
竞品介绍	市场类似竞品有美德乐、安多、阿美达等，类似竞品见下图
备注（参考竞品图片或者外观图片）	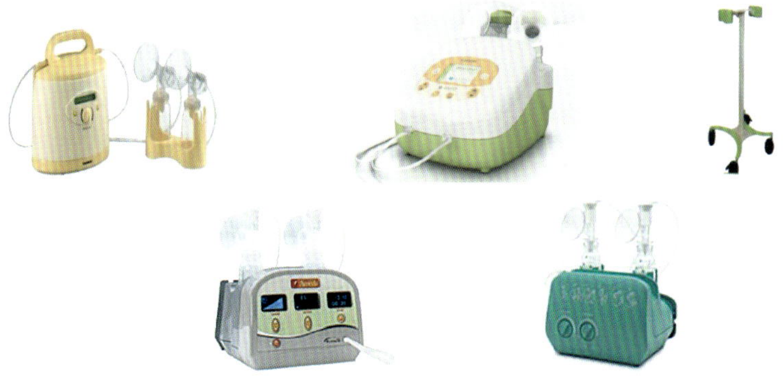
知识产权要求	国内外无专利冲突
制作人：　　审核：　　审批：　　批准：　　日期：	

二、项目规划

本项目的具体运作流程如表 4–7 所示。

表 4–7 多功能医用电动吸奶器运作流程

委托方	汕头市星河电器有限公司		被委托方	佛山顺德艾迪工业设计有限公司
项目名称	多功能医用电动吸奶器（移动式）		项目期约	
项目组安排				
项目总负责	A	电话		123456789
客户经理	B	电话		123456789
设计师	A、C、D、F 各讨论环节另请 2 ～ 3 人			
工程师	K			
1. 设计调研（1 个工作日）				
项目步骤	工作内容	工作目的	工作形式	阶段成果
项目启动	团队组建与分工，项目初步分析，相关行业调研（市场、技术、目标等）	分工：C 负责医疗产品调研与分析、色彩使用、环境融合等资料的整理；D 负责医用吸奶器附属配件调研及整体调研内容整合；E 负责竞品调研与分析		
调研计划	确立调研内容	用户体验	网络咨询、中国知网、实体店铺	
设计调研	走访（3 ～ 5 个主要场所商场、爱婴岛……）	市场营销、产品特征、消费者需求	卖场走访、口头调查（及时记录）	调研结果分析
调研分析	资料收集整理与市场情况分析			
2. 设计分析与概念发散（2 个工作日）				
行业趋势	外观趋势定位	医疗用品风格	讨论	设计定位报告
	功能、外观、材料、技术趋势分析			
特征收集与信息提取	针对使用人群	设计元素的发散（关键词语设计元素）	①设计关键词提取 ②关键词转化	
	针对使用环境			
	产品紧密的关键词发散			
3. 方案设计（8 个工作日）				
设计特征应用发散	特征应用方式发散	将特征转化为设计草图	手绘	保持与客户的沟通配合，提交设计创意效果草图 8 套
设计特征细节完善	细节深入应用表现			
电脑效果图	深入表达创意电脑草图制作			
评审会议	效果草图评审，确认 8 套草图			
4. 创意设计效果图方案（5 个工作日）				
设计深化与效果图表达	设计草图评审后深化	设计深度表达	设计方法	保持沟通配合，配合工程实施，提交 3 套深化效果图
	设计电脑效果图制作			
5. 三维建模（7 个工作日）				
工程设计	三维建模文件	方案可实现化	PRO–E 建模	提供三维文件及通用件尺寸
	手板输出文件			

三、资料库管理

为了便于项目的开展和资料的规范管理，建立的项目资料库包括九项内容：客户提供的资料及相关信息、市场调查及设计元素参考资料、ID 创意草图设计方案、ID 创意效果图设计方案、MD 结构设计、丝印及工艺说明文件、结案成果文件、项目后期跟踪、后续研究。

4.3.2 前期研究

项目从设计任务书出发，分别从产品结构特征、产品功能、竞争性品牌产品、医疗产品特征展开详细分析，具体分析的框架如图 4–34 至图 4–37 所示。

项目组进行了大量的市场调研，经过大量的设计分析，需要明确回答下列问题：客户的真实需求是什么？为什么使用吸奶器？分析结果显示，使用吸奶器的主要原因有：预防乳腺堵塞、方便全职工作或暂时不能照顾孩子的妈妈、解决宝宝无法直接吮吸母乳的问题、可知妈妈产奶量及宝宝吃奶量、宝宝不会对妈妈的乳头产生依赖、可防止乳头龟裂、易帮助宝宝断奶。

如何判断它是一个好的吸奶器呢？调研结果显示，决定一个吸奶器的品质和受用户欢迎的主要原因有：方便妈妈操作；满足众多妈妈的需求，具备尽可能多的个人模式——母亲乳头各不相同，在哺育过程中，乳头也会发生变化，吸奶器罩杯与母亲乳头大小的匹配非常重要。

宝宝本能哺乳分为两个阶段：第一个阶段他们吮吸得又快又轻。开始吸乳时吸力小，速率快（相当于吸奶器吸力 2 档，速率 4 档），可刺激喷乳反射，让乳汁流动起来；第二个阶段是乳房一旦被充分刺激后，他们就转变成较慢、较深的吮吸，即进入真正的哺喂阶段，这个阶段吸力大，速率慢（相当于吸奶器吸力 5 档，速率 3 档），能尽可能获取更多的乳汁。

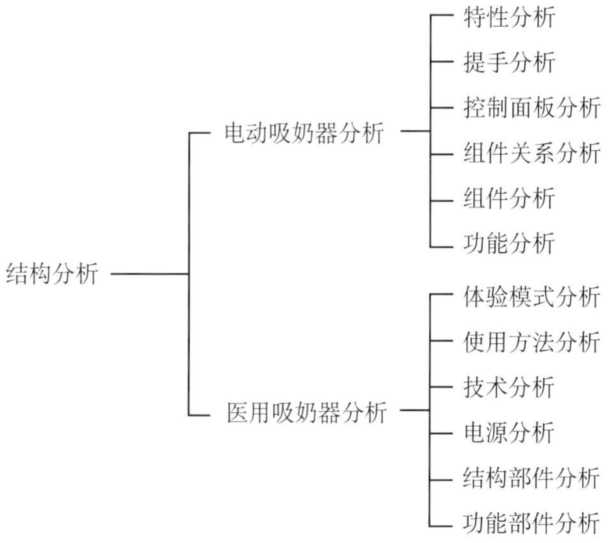

图 4–34 吸奶器结构特征分析框架

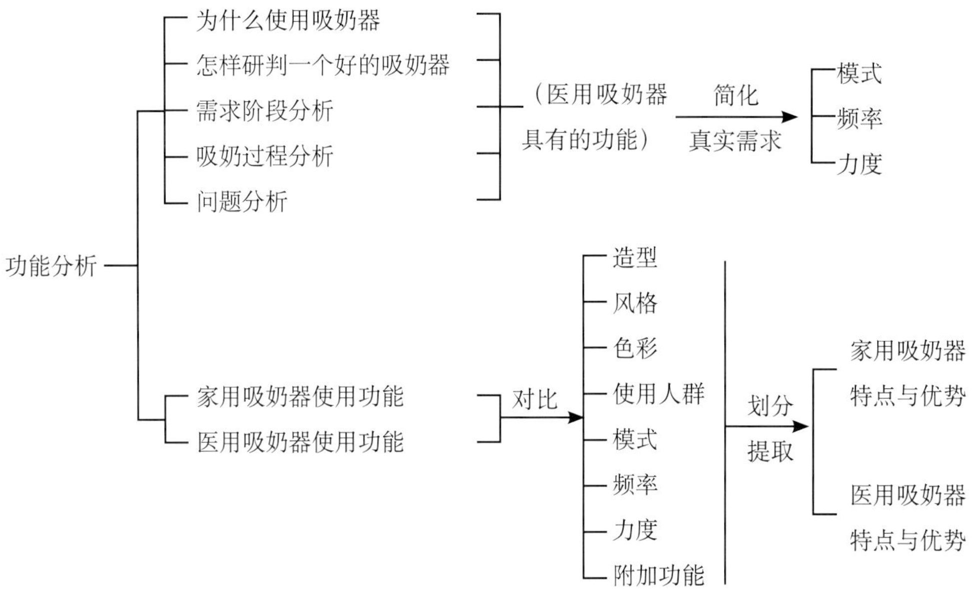

图 4-35 吸奶器功能关系分析框架

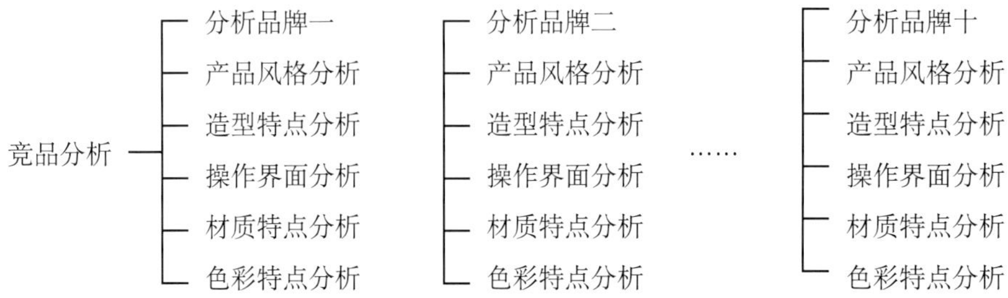

图 4-36 吸奶器竞争性品牌产品分析框架

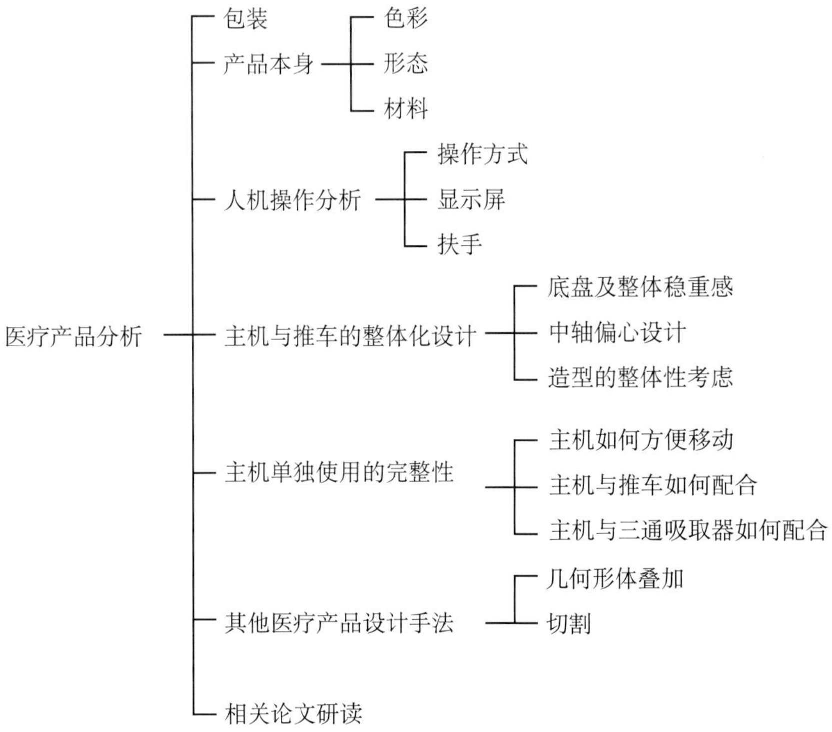

图 4-37 医疗产品分析框架

4.3.3 方案设计

一、初步方案设计

经过大量前期分析后，设计师根据分析结果，完成了多款吸奶器草图设计方案（图 4–38）。将草图经过图像软件处理后，完成设计方案的概略效果图，其中一体式方案 3 款、分体式方案 5 款。（图 4–39、图 4–40）

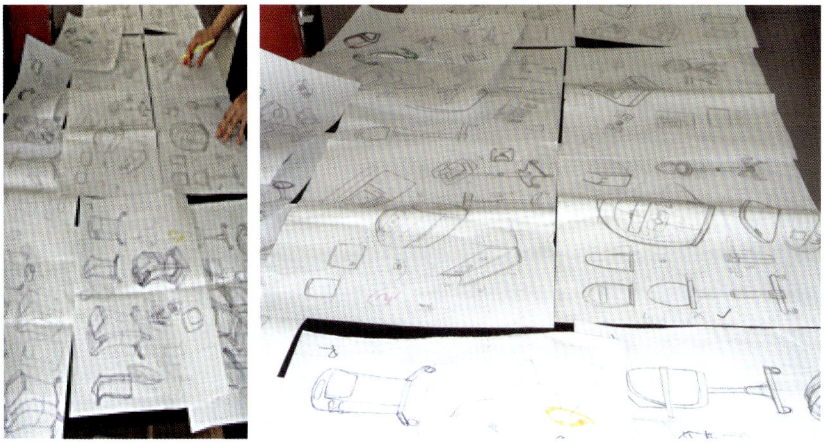

图 4-38 吸奶器方案草图

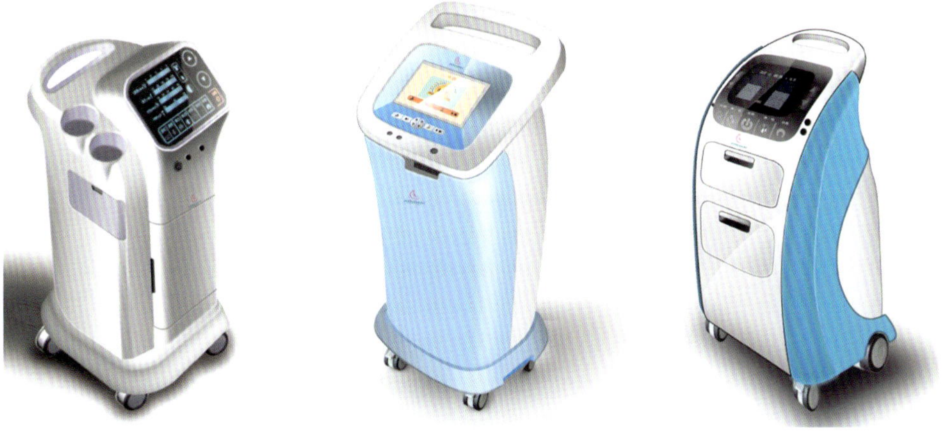

图 4-39 一体式方案概略效果图

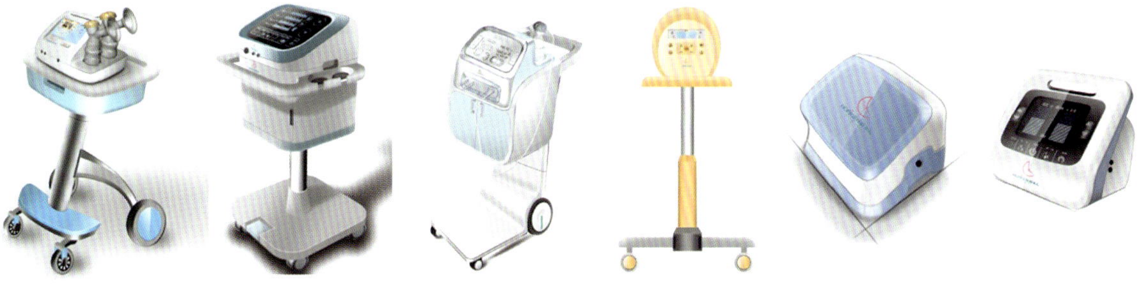

图 4-40 分体式方案概略效果图

二、概略效果图客户评审反馈

完成概略效果图后，组织设计师、企业管理人员、工程师、市场部负责人等进行方案初步评审，具体评审情况如表 4–8 所示。

表 4–8 医用吸奶器第一轮方案评审表

产品型号	–	产品名称	医用吸奶器（暂定）	评审阶段	草图提案评审

评审内容：

（1）设计任务分析；（2）吸奶器调研；（3）产品功能分析；（4）设计方向构想；（5）草绘方案。

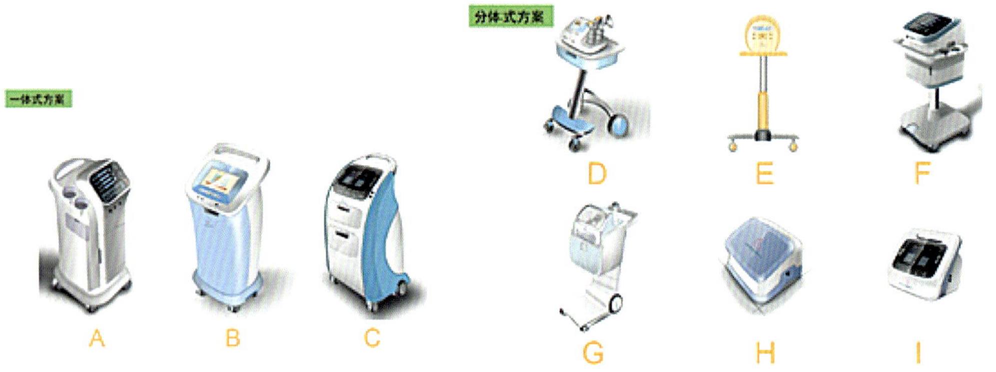

评审意见：

建议该产品仅供单人使用；搭配颜色为粉红；具备奶瓶插座、单提手结构；触摸一键式按键；气管接口为机械式控制，接才通，不接关闭；界面简明易操作；增加按摩、乳头矫正功能。

评审结论：

（1）将一体式方案与分体式方案造型调整后，对比选择，再进行最后确认；

（2）所有方案界面及功能调整（显示用数字或指针或其他简单明了的方式，可参考我公司 2208 和 2209 显示界面），用触摸按键操作，操作界面简洁，功能键尽量采用一键式操作；

（3）增加按摩和乳头矫正功能（按键功能有开关、开奶、热敷、催乳、吸奶、速率、强度、+、–、按摩、乳头矫正）；

（4）气管接口修改为机械式控制，取消界面“单 / 双边选择”功能键（插入接头气管接口处于使用状态，拔出则处于关闭状态）；

（5）一体式方案选用 A；

（6）分体式方案：①方案 D 重新设计支架，支架储藏柜要大；②方案 F 修改为单手可提结构（不要双侧手提），主机的奶瓶插座改为 U 型卡槽结构；③方案 I 重新设计支架，主机增加奶瓶插座结构（建议可折叠式）。

评审人员	职务 / 部门	评审人员	职务 / 部门	评审人员	职务 / 部门
A	助理 / 总经办	D	设计总监 / 研发	G	经理 / 市场部
B	市场部	E	部长 / 研发	H	工程师 / 研发
C	副部长 / 研发	F	设计师 / 研发	I	市场部

三、方案深入与进一步评审

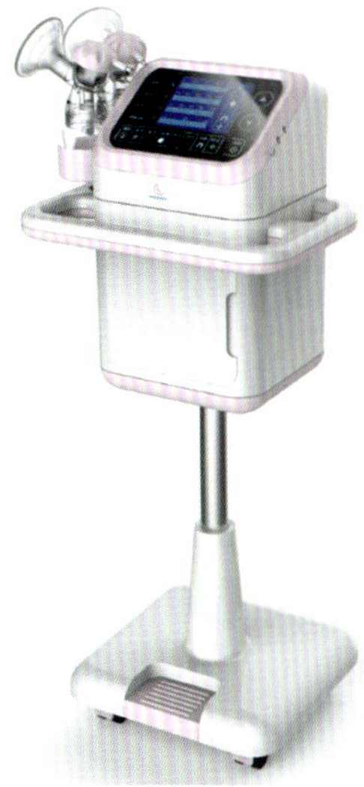

图 4-41 选定方案效果图

根据初评结果和反馈意见，对选定方案做进一步深入设计，完成的效果图如图 4-41 所示。在此基础上，将方案提交给客户，进行第二轮方案评审。第二轮方案评审与反馈意见如下：

1. 功能设置

医院更愿意选择专业化的功能，其他的功能设计市场上的理疗仪即可达到；不需要丰胸功能；建议单人使用，双人使用要考虑乳汁易混淆的问题；考虑罩杯的卫生问题，需要个人专用，但费用要合适。

2. 造型

高度要可以调节；稳定性要好，轮子要耐用；颜色以白色为主，搭配蓝色或者浅粉红色。

3. 操作界面

简单明了，按键要防水且易清洁。

4. 结构与部件要求

“同一间病房的 2 位使用者可同时使用（4 个接气口）”实际应用少，项目开发定为单人使用（2 个接气口）；“负压罐技术”通过实验验证，在现开发的移动吸奶器上实施，技术不可行；“设计多种规格罩杯，能使不同罩杯的人的整个乳房被包围起来，可用于催乳前的按摩及热敷”实际应用少，取消该要求。

4.3.4 方案确定与试制

结合评审要求和设计任务，对选定方案进一步完善，并根据企业整体形象传达要求、产品的可用性分析和工艺要求，完成最终产品设计方案和操作界面设计方案，协助企业完成产品样机的试制。（图 4–42 至图 4–44）

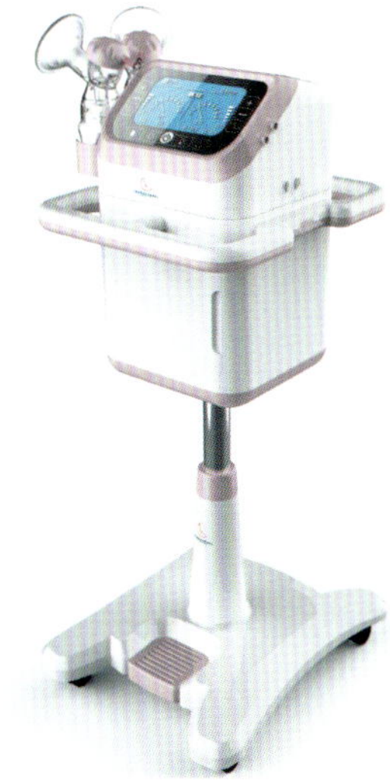

图 4-42 最终方案

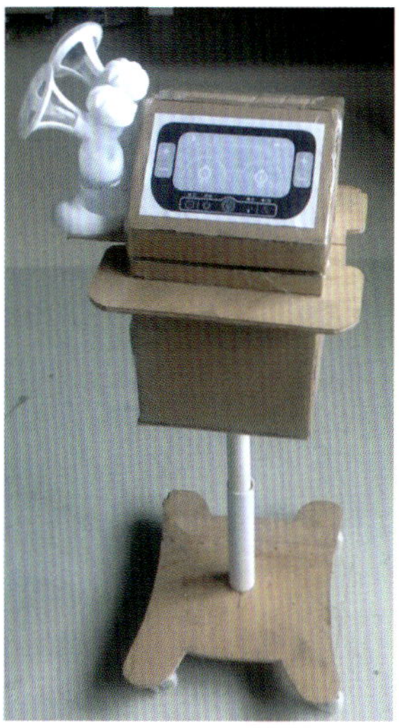

图 4-43 试制模型

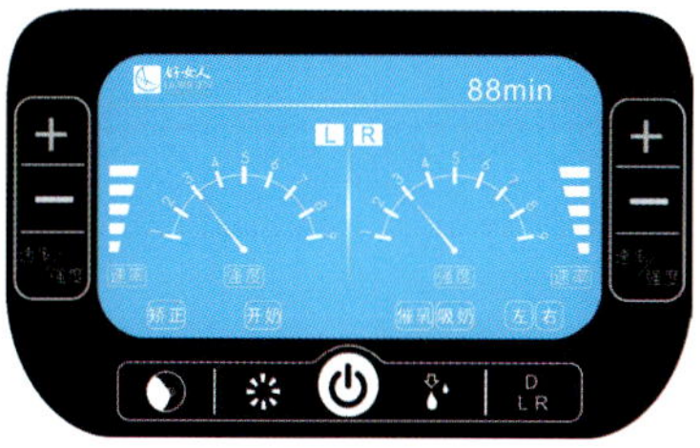

图 4-44 产品操作界面

4.4 手持式穿墙雷达开发设计

本产品设计项目由湖南科技大学工业设计中心与湖南华诺星空电子技术有限公司工业设计中心合作完成。本项目主要基于湖南华诺星空电子技术有限公司在生命探测雷达传感器领域的技术优势，为消防、反恐等应用领域开发设计的若干款手持式穿墙雷达。该设计方案获得了第三届“芙蓉杯”国际工业设计创新大赛企业组企业创新奖。

4.4.1 设计任务与需求分析

一、设计任务

产品名称：CE-100 手持式穿墙雷达系列产品（军用、警用、消防用）。
风格定位：具备公安、武警、消防、救援等特殊行业特性，简约大方。
物理环境限制：公安反恐，消防、火场救援，小型边检站。
使用者：公安、武警、消防员、边检员等。
使用方式：手持、移动状态，贴墙。
外壳：上壳工程塑料、下壳合金，颜色符合行业特性、救援色、醒目。
工艺：CNC。
配件：手链或挂环，防水按钮，2.5 寸 /3.5 寸屏幕。
品牌 LOGO：NovaSky。
预计外形尺寸：200 mm×90 mm×40 mm。
外观结构部件：1 个充电接口、1 个 USB 接口、1 个按钮。
预计重量：1.25 kg。
性质：创新设计。
详细的设计任务书可参考第二章中表 2-3。

二、物理—技术结构特点及其需求

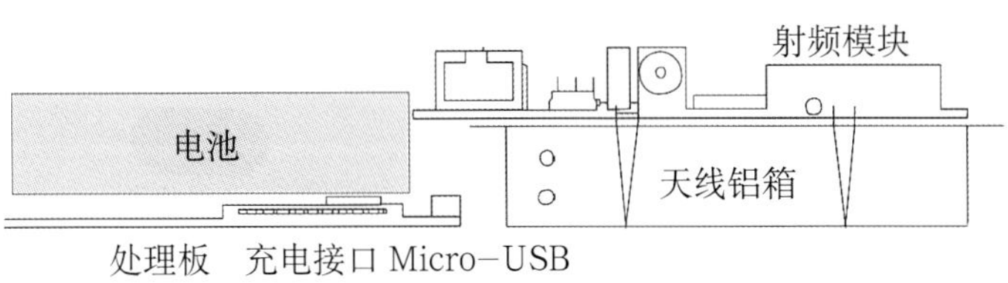

图 4-45 产品内部结构示意图

本设计是课题组与湖南华诺星空电子技术有限公司合作开发的一款 CE-100 手持式穿墙雷达。该产品的基本功能结构模块如图 4-45 所示，对外观设计有影响的产品基本物理—技术结构属性如表 4-9 所述。

表 4-9 产品的物理—技术结构属性

属性类别	属性描述
技术功能	可穿透混凝土、岩石、木材等物质组成的墙体，提供建筑物内有无人员生命体及其位置等实时信息
主体结构	1 个天线铝箱、1 个射频模块、1 个处理板；3.5 寸显示屏、2 个防水按钮；外形尺寸约 200 mm × 90 mm × 40 mm，重量约 1.25 kg
附带结构	1 个充电接口、1 个 USB 接口、1 个挂环

三、使用环境—技术约束及其需求

手持式穿墙雷达的使用环境比较特殊，一般应用于地震、火场救援、军事巷战现场。在这些使用情境中，往往伴随着烟雾、尘土、泥泞杂乱的地面、缺乏光亮的空间等恶劣环境。用户在这样复杂的环境下需要佩戴手套使用该产品，为了保证产品的正常技术性能得以实现，屏幕显示的信息需要穿透烟雾；产品壳体要具备防火（耐高温）、防水、防尘功能，三防要求一般要达到 IP65 测试要求（GB4208—2008）。为了避免产品在恶劣环境和紧急使用过程中丢失或损坏，产品造型还需具备防滑、防跌落、耐摔、耐碰撞和耐磨等要求。

四、交互行为需求

手持式穿墙雷达是一种特定的工作设备，使用非常频繁。用户在日常工作中持久使用，往往会伴随着不适应、不舒服的感觉，会影响产品的使用效率，降低用户对工作的满意度。有研究表明，手持设备设计不良是导致使用者肌肉骨骼受伤的因素之一。除意外事故造成的伤害外，手持设备使用过程中导致身体不适的原因主要有：手、腕部或手臂别扭的姿势和动作；高强度的用力，或者拿着设备长时间在高于肩之上持续使用；高度重复或高精度要求的作业；高频度的振动和冲击；手部表面皮肤的局部摩擦和施压。

工作任务必须先确定好，技术性能和使用环境直接影响着交互任务。CE—100 手持式穿墙雷达推荐的交互使用过程为：配戴手套→持握设备→长按 power 按钮启动机器→短按扫描按钮运行程序→单手静态持握状态下长时间（15 min 以上）观察屏幕信号→短按扫描按钮暂停→长按 power 按钮关机→携带产品离开工作现场。

在交互使用过程中，满足佩戴手套状态下能方便按压按钮，手、腕部或手臂保持自然姿势持握及观察设备，非手持使用状态下携带方便等，是自然交互行为对产品外观造型设计的关键性需求。

五、认知与情感需求

用户对手持式穿墙雷达的认知和情感需求主要表现在两个方面：一方面是在交互使用状态下，需要对复杂环境（如烟雾）下显示的信息进行快速、准确的认读，支持人机之间的自然交互方式。具体设计要求有：运用自然对应关系，明晰显示生命体实时的位置和距离信息，为用户提供无干扰的持续知晓；用方便用户理解的方式显示设备的电量信息和信号强弱信息；方便用户在烟雾状态下快速、准确地辨别和认知信息；考虑极端环境下电池充电的困难，不必要的信息尽量不显示。另一方面是产品外观需要激发用户产生积极的认知反应，通过外观说服用户信任产品的技术品质和属性特征，促进用户对产品性能的理解和价值的认同。如外观应该具备消防装备的风格特征，充分展示出产品的高科技性、技术复杂性、精准性、耐用可靠性等属性。

4.4.2 前期研究与设计定位

一、市场调研

1. 竞争／类似产品分析——造型风格（图 4-46）

（1）装备感强，形体具有轮廓清晰的凹凸变化，以直线、锐角和丰富的形体转折为特征，表现科技感、技术复杂性和精确性等特征。

图 4-46 竞争／类似产品分析——造型风格案例

（2）形态相对简洁，大块面直线和大弧度曲面，具有北欧简约风格的特征，体现简洁性和时尚感。产品屏幕通常有正面开和顶面开两种方式。

2. 竞争 / 类似产品分析——防摔、防碰、防滑、耐磨结构（图 4–47）

外观设计要在复杂使用环境下具备防摔、防碰、防滑和耐磨等要求，具体方式有：

（1）通过形态的起伏凹凸变化，形成产品防摔、防碰的自保护。

（2）通过手持部分表面与形体的凹凸变化，起到防滑作用。

（3）添加橡胶壳层进行保护，起到防摔、防碰和耐磨作用。

（4）添加橡胶脚，既耐磨，也能通过弹性变形保持与墙面贴平。

3. 竞争 / 类似产品分析——操作方式（图 4–48）

使用方式的创新是工业设计的关键问题，体现了对用户的关怀和行为层的思考，具体表现方式有：

（1）手持操作方式应体现舒适、防滑、戴手套状态下的灵活性和长时间持握状态下的人机关系。

（2）携带应方便，在手持发生误操作（如跌落）状态下具有一定保护功能。

（3）考虑戴手套状态下的操作及复杂环境下的碰撞。

图 4–47 竞争 / 类似产品分析——防摔、防碰、防滑、耐磨结构案例

图 4-48 竞争 / 类似产品分析——操作方式案例

二、设计定位

体现高科技的象征性内容，线面处理体现出理性、秩序感、精确性等特征；整体具备军用品的装备感与可靠性，突出专业性等特征；友好的人机交互方式；外观整体风格协调、简洁；局部造型突出，具有品牌独特的特征；色彩符合行业性；产品应做到防摔、防碰、防滑、携带方便、使用的人机舒适性（复杂环境下持久持握的舒适性），参考手持工具设计的人机工程学要求；美与实用、简洁性与丰富性、高科技与人性化的高度统一。

4.4.3 方案设计与分析

在前期调研和产品定位的基础上，完成了多款初步方案的设计，并制作部分泡沫草模，用于研究用户在操作使用过程中的体验和人机关系。（图 4–49）

初步设计方案经过评审后，选取了三款方案用于进一步深化设计。（图 4–50）

方案一：整体造型以简洁的直线和渐消的凹凸变化为主，体现了军品风格、科技感和产品的精确感。通过顶部形态的凸起变化，既丰

图 4-49 初步设计方案

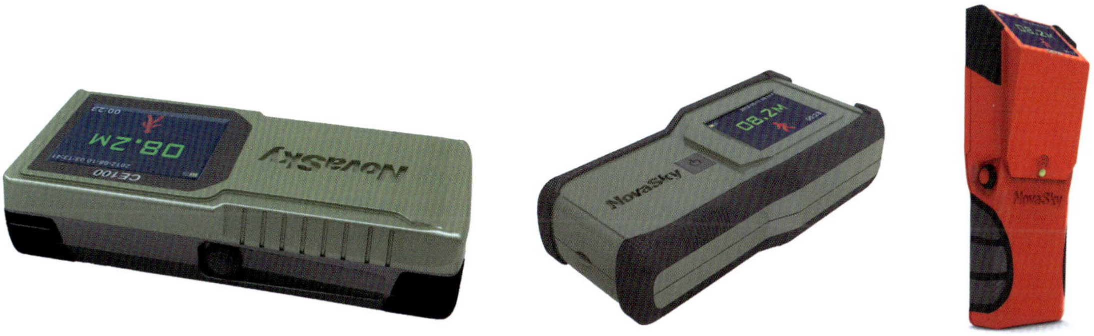

方案一　　方案二　　方案三

图 4-50 三款深化设计的方案

富了造型，也起到了防摔、防碰的作用。底部去掉棱角，斜面直接到底，角上稍微内收，适合手持贴墙状态下的人机关系。两边对称开槽，槽深从 5 mm 渐变到 1 mm，产生渐消效果，既便于选配防水按钮的凸起放置与操作，又便于凸起后防碰撞及与整体形态保持整体美感，还有利于对称放两个按键。通过底部橡胶保护脚，形成贴墙面耐磨设计。手持部分通过形体凹凸变化及接触面的凹凸纹理，形成防滑设计。整体造型简洁，线条间的凹凸和转折变化丰富，相互形成了有效的呼应。

方案二：整体造型以直线和大弧度曲线结合为主，通过“包”的理念实现装备感与时尚感的整合，实现了高科技军品的人性化、时尚化设计。

通过顶部及边缘形态丰富的凹凸变化，造型丰富，防摔、防碰。造型顶部和底部都向中间内收，形成稳重感和装备感。屏幕边缘造型采用了直线与曲线相贯，形成具有较强对比感的斜面。屏幕外部进行了凸起设计，局部凹凸走向与整体造型的凹凸变化相呼应，实现了变化丰富与整体感的统一。顶部和底部采用大圆弧过渡，实现了高科技的柔性化设计，也体现了产品的人情味。根据内部结构和手持要求，对上下两部分进行台阶设计，通过倒角模糊台阶和边缘的高度差，突出造型的整体感。

方案三：整体造型以斜直线和凹凸变化为主。通过顶部、手持部位斜度的设计，改变了传统手持仪器的使用方式，实现了手臂、手腕和手指在自然持握状态下舒适使用产品，实现了人与产品间的自然交互。通过顶部形态丰富的凹凸变化，造型丰富，防摔、防碰。造型顶部向中间内收，拐角处进行圆角处理，形成稳重感和装备感。按钮处造型的层次丰富，相对上部分凹陷 8 mm，相对下部分凹陷 3 mm，按钮凸出 7 mm，与整体造型融为一体。台阶变化、顶部、包裹线等方向一致，形成了良好的整体感，实现了审美与使用舒适性的高度统一。

4.4.4 深入研究与设计

三款深化设计的方案经过再次评审后，一致认为将方案三使用过程中的自然交互作为项目设计力图突破的创新点。选择方案三后，通过对使用过程的深入研究，进一步完善方案三的设计。

一、自然交互设计策略的研究与解析

产品交互设计的本质在于创造特定环境中用户与产品之间的交流和互动方式，促使技术产品高效易用。在传统的交互式产品设计中，用户通过学习和运用规范的机器语言与产品进行交流，“人适应产品”或“人性技术化”是这种设计的特征。

自然交互一般通过用户行为和体验的方式来定义的，即人们通过自然的姿态、表情、动作等自身行为语言与产品进行自然交流，并通过观察环境和操作物理实物来自然地探索和操作产品。用户与新的技术产品之间的互动就像他们过去在日常生活中与真实的物质世界互动一样，采用最习惯的自然方式来理解和使用产品。在技术产品的造型设计中，自然交互具有两个方面的内涵：一方面是支持用户利用技术产品的外观和界面感知信息，基于自发的方法来认知产品，不需要或只需要少数意识指导就能高速度、低差错地与产品进行信息和情感交流；另一方面是利用产品外观形状、凹凸结构、比例和材质的设计，促进操作过程中用户的生理结构和产品形态的契合与和谐，支持用户以最舒适、最健康、最习惯的方式便捷高效地操作产品。

二、自然持握行为与认读方式的整合设计

在搜救过程中，考虑设备要求静态持握 15 min 以上，如何支持设备在使用过程中具有自然的持握姿势和观察角度，改变传统产品使用时长时间将设

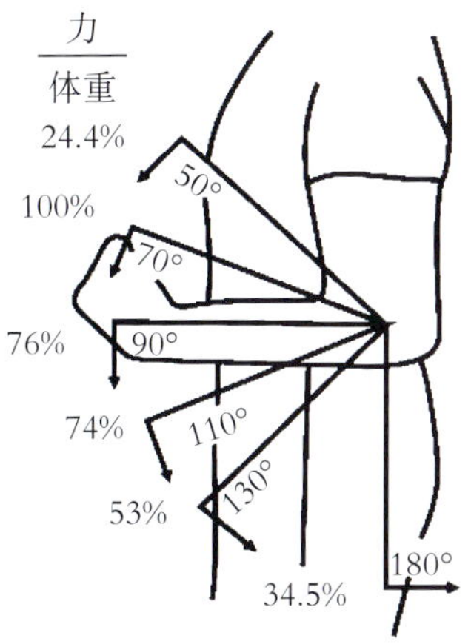

图 4-51 立姿臂弯时的力量分布

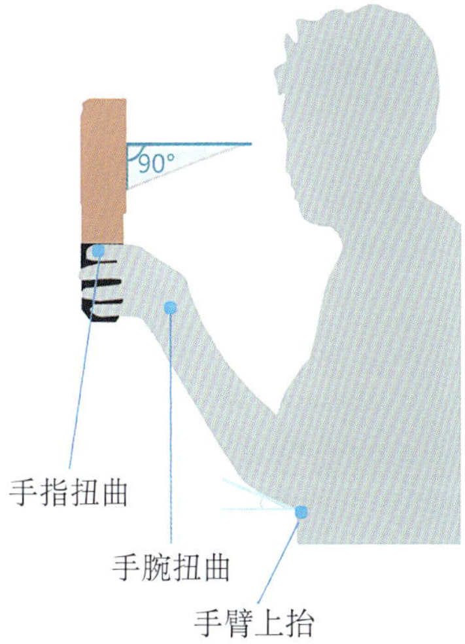

图 4-52 传统持握和认读方式

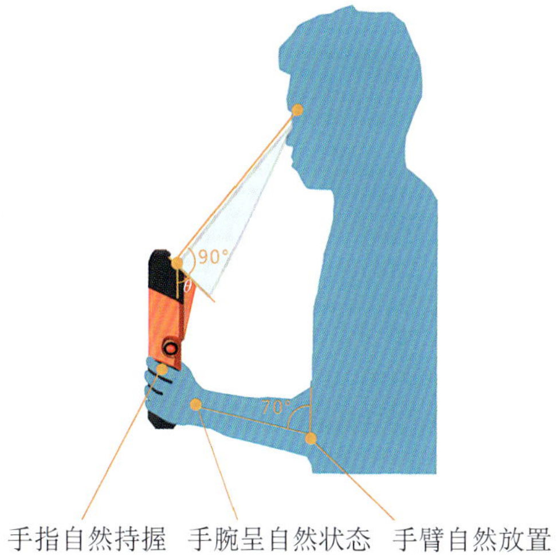

图 4-53 自然持握和认读方式

图 4-54 按钮设计

图 4-55 挂钩与橡胶设计

备持握在肩的高度之上，是设计的关键点。根据人机工程学关系，在直立姿势下持握产品，臂弯与垂直方向呈 70° 时，臂部力量最大（图 4-51），这也是用户最自然舒适的姿态。在臂弯 70° 垂直持握产品时，为了保证视线与屏幕呈垂直的自然观察角度，屏幕不应是传统的水平面（图 4-52），而应与水平方向呈一定夹角 θ（图 4-53）。以我国现役军人（消防员）平均身高 1760 mm 为基准，通过产品模型的持握实验，实测得到 θ 值为 49°。同时，为了既防止产品滑落，又能保持手指和手腕呈自然姿势，产品侧面的防滑凸起结构和防滑橡胶的边缘也应该呈斜线，不应该是传统的垂直结构。

三、环境—技术约束的整合设计

防水按钮处采用层次丰富的台阶式结构，相对上部分凹陷 8 mm 和下部分凹陷 3 mm，按钮凸出 7 mm，既与整体造型融为一体，防止意外碰撞造成误操作，又方便佩戴手套状态下的按压操作（图 4-54）。为了防止产品使用中的意外跌落、碰撞、摩擦和方便携带，在屏幕、按钮和产品顶部与边缘都采用了凸起式的橡胶设计，顶部设计了便携式挂钩（图 4-55）。

为了满足防水、防尘、防火和壳体传热的需要，产品的充电接口和 USB 接口都进行了橡胶密封性设计；壳体上部选用了导热性能好、密度低、强度较高的铝合金材料。为了提高烟雾等恶劣环境下产品信号的快速识别和省电的要求，界面设计要简洁、色彩对比要强（图 4–56）。

四、审美、交互行为与环境需求的整合设计

结合交互过程中的行为、认知和环境需求，产品整体造型以简练明晰的斜直线、丰富的凹凸变化、形体转折和锐角为主，线条间关系明确，赋予视觉以理性、秩序感和高科技感。台阶变化、顶部的倾斜、橡胶包裹的线条等方向一致，色彩以消防色为主，形成强烈的整体感和消防装备感，实现视觉审美、交互使用和交互环境需求的高度统一，整体效果如图 4–57 所示。

图 4–56 界面设计

图 4–57 最终效果图

第五章 实验操作与作业练习

5.1 参考作业练习题目

5.1.1 第二章课后练习题目

（1）结合实际设计案例，试比较产品改良设计与产品原创设计之间的区别，并就该案例，分别提出对其进行改良设计和原创设计的策略。

（2）试比较OEM、ODM、OBM三种业务类型的企业，引入产品工业设计的区别，举例说明。

（3）通过企业案例调研，分析“互联网＋”背景下，工业设计切入产品开发的模式。

（4）以某一智能家用产品为例，规划该产品开发设计的具体流程，提出用户研究、产品研究和市场研究的具体步骤和方法。

5.1.2 第三章课后练习题目

（1）以竹灯、手电钻、儿童书桌、老年人代步车、智能茶炉等为例，分别从不同的价值方向规划产品开发设计的策略。

（2）结合某一企业的系列产品，分别从不同的品牌竞争方式规划产品开发设计的策略。

5.2 课题务实设计

选取智能茶炉设计、智能冲奶机设计、运动水杯设计、消防员定位鞋设计、老年人代步车设计、加油燃气热水器设计等课题中的某一项（不局限于这些课题），完成整个产品的开发设计，具体内容包括：制订设计流程，综合多方面因素提出设计策略，组织进行市场调研，完成设计定位和构思方案，完成产品的人机工程学分析、CMF及结构设计，提供产品效果图和模型，提出产品评审方案，完成项目设计任务书。

后 记

在本书的撰写过程中，佛山顺德艾迪工业设计有限公司的技术总监李快水先生、工业设计师李海中先生等为本书提供了大量的设计实例及建议，感谢他们对本书的指导和帮助。同时，在撰写过程中，张映琪、肖璐、杨程予、程明、谭文红等同学在案例整理、绘图和校稿等方面做了大量工作，在此对他们的辛勤劳动表示衷心感谢！感谢西南师范大学出版社美术分社袁理老师的宝贵意见和辛勤劳动！本书中引用了许多国内外专家学者的资料和研究成果，由于客观原因无法一一表示感谢，在此表示真诚的谢意！

尽管在本书的撰写过程中我们力求内容丰富、逻辑严谨、结构清晰、表述准确，但限于水平和精力，疏漏、错误和不妥之处在所难免，敬请广大读者指正。